「ついていきたい」と思われるリーダーになる51の言葉

岩田松雄

文庫化にあたって

人の本質は言葉にある。
人は言葉があるからこそ、人間らしく生きていられる――。
人と猿はＤＮＡの九〇％以上の共通遺伝子を持っています。
その最大の違いのひとつは言葉を持っているかどうかです。
言葉があるからこそ複雑な思考ができるのです。

人は、言葉ひとつで勇気づけられたり、慰められたり、やる気になったりします。
リーダーは発する言葉で人を説得し、あるべき方向に導いていきます。
自分を支えてきてくれた言葉への感謝の気持ちでこの本を書きました。

この本をそばに置き、ときどきパラパラと見返していただければと思います。
そして気に入った言葉はぜひノートに書き写してみてください。
本書が皆様のおそばに末長くいることを願っています。
ありがとうございます。

二〇二一年二月吉日

収まらないコロナ禍で

岩田松雄

はじめに

「お前が失敗しても、日産はつぶれない」

これは、日産自動車入社二年目に、尊敬する上司から言われた言葉です。この言葉のおかげで、私は失敗を恐れず、全力で仕事に立ち向かえるようになれたのです。

私にとって生涯忘れられない、大切な言葉になりました。

言葉とは、本当に不思議なものです。人を勇気づけたり、励ましたり、逆に傷つけてしまったりします。

特に上に立つ立場になってからは、さらに言葉の使い方に気をつけるようになりました。リーダーが発する言葉ひとつで、チームのやる気は大きく変わると、身をもって経験していたからです。

私は、ザ・ボディショップやスターバックスでＣＥＯを務めていた頃、最も大切なお店のスタッフの皆さんに向けて「マネジメントレター」を送っていました。ザ・ボディショップのときは毎週三〇〇〇文字、スターバックスのときは月二度ほど一八〇〇文字で、お店の人たちに伝えたいこと、知ってほしいことを、一所懸命書き、送っていたのでした。

そのレターの中では、売り上げ情報やイベントについてなどいろいろなコーナーを設けていましたが、最も人気になっていたのが、「今週（月）の一言コーナー」でした。私がいろいろな本を読んだ中から、気に入った言葉、印象に残った言葉、リーダーたちに知っておいてほしい言葉を抜き出し、それを仕事に絡めて、私なりに解説していたのです。

お店に行くと、「あのコーナーを楽しみにしています」という声をよくかけてもらいました。中には、手帳にコピーをはさんでいつも持っている、という店長さんもいました。やはり言葉の力は大きい、と改めて感じました。

この体験がまさに、後に二〇一一年からフェイスブックで私が毎日発信していくことになる「リーダーに贈る言葉」のきっかけでした。社長を退任して以降、場をフェイスブックに移して、過去に読んだ本の印象的なフレーズをノートにメモしていたもの、そのときどきで心に残った言葉を、解説をつけて掲載していくようになったのです。

いつしか、数百の「いいね！」がつくページになっていきました。「お友達」や「フィード購読者」も一万人をはるかに超えました。本書はこの中から、私が特に「これはぜひリーダーに知っておいてほしい」と感じた、お気に入りの五一の言葉を厳選し、思いをこめて作り上げた一冊です。

子どもの頃、計算ドリルの上のほうのスペースに、小さな文字で「ローマは一日にして成らず」などの有名な格言・名言が書かれていました。

実は私は、あれが大好きだったのでした。ドリルそっちのけで、その名言だけを切り抜いて持っていたこともあります。子ども心に、なかなか心に刺さるのです。それを見ながら、よし頑張ろうと自分を叱咤激励していました。

大人になってからも、気になる言葉があると、蛍光マーカーを引いたり、ページの端を折ったり、ノートにメモしたりするようになりました。

こうした格言や名言は、かつて読んでもピンと来なかったのに、時間を経て違った状況で読んでみると、ズシンとお腹(なか)に落ちてきたりします。**自分自身の中に何か問題意識があると、言葉が心に突き刺さってくるのです。**経験を深めることによって、言葉の持つ、より深い意味が理解できるようになったのだと思います。

受け取る側の感度や経験によって、言葉というものは価値が増していくのです。

そしてもうひとつ、多くの格言や名言に接してきて感じるのは、「原理原則」というものが世の中には存在するのだ、ということです。

それは一〇〇〇なのかもしれないし、二〇〇〇なのかもしれない。でも、「原理原則」の数は限られていて、それをさまざまな人たちが、洋の東西、時代の古い新しいを問わず、自分の言葉に置き換えているだけではないかと思うのです。

本当に本質的なことは、それほどたくさんあるわけではない。そして、大きく世の中は進化してきているのに、実は数千年前から人間の本質というものは、あまり変わっていないということです。だからこそ、偉大な言葉に学ぶ意味がある。先人たちが気づいた原理原則を、共有させてもらえるということだからです。

先人たちの偉大な言葉を知っているかどうか、人間の本質を理解しているかどうかが、人生を豊かにしてくれると私は思っています。

特に日本では、戦後、「徳」の教育が薄れてきました。パソコンやら英語やらの「才」の教育はするけれど、人間としてどう生きていくべきかという「徳」の教育が足りない。これが、日本のリーダーたちを歪（ゆが）めてしまったのではないかと私は思っています。

偉大な言葉には、徳の部分を語ったものが少なくありません。だからこそ、リーダーや、これからリーダーになろうとする人には、ぜひ知っておいてほしい言葉がたくさんあります。

私自身を振り返ってみても、至らないところ、欠点が多くありました。決して完璧なリーダーではありませんでした。完璧ではないからこそ、日々これらの名言を糧に、これからも徳を高めていきたいと思っています。

そして、かつて私が「マネジメントレター」で、お店のみなさんを勇気づけたのと同じように、「リーダーに贈る言葉」が、読者のみなさんを少しでも元気づけられるものになればと思い、この本を書き上げました。

偉人たちの言葉がきっと、多くの人の人生を充実させてくれるものになると思います。

本書の中に書かれている言葉が、あなたが「ついていきたい」と思われるリーダーになるための一助となれば幸いです。

目次

第2章　「コミュニケーション力」を上げる言葉

「ついていきたい」と思われるリーダーになる

第3章　「マネジメント力」を強化する言葉

「ついていきたい」と思われるリーダーになる

第4章 「決断力」を鋭くする言葉

「ついていきたい」と思われるリーダーになる

第5章 「行動力」をつける言葉

「ついていきたい」と思われるリーダーになる

第6章 「ついていきたい」と思われるリーダーになる「読書・勉強」に効く言葉

第7章 「ついていきたい」と思われるリーダーになる「人間力」を高める言葉

編集協力……上阪 徹
株式会社ぷれす
編集……………黒川可奈子
梅田直希
新井一哉
（サンマーク出版）

第1章

「ついていきたい」と思われるリーダーになる

「考え方」を磨く言葉

1　リーダーには、評価されないときがある

冷に耐え、苦に耐え、
煩に耐え、閑に耐え、
激せず、躁がず、
競わず、随わず、
以て大事を成すべし。

曽国藩（中国清代末期の軍人・哲学者）
『渋沢栄一と安岡正篤で読み解く論語』（安岡定子著　プレジデント社）より

誰にでも不遇の時代というものがあります。一所懸命に頑張っているのに、なかなか報われず、認めてもらえない。そういう時期が必ずあります。

私にも、何度かありました。二〇代の日産自動車時代もそうですし、転職したあとも、経営者になってからも、なかなかうまくいかない時期がありました。思ってもみないようなひどい中傷を受けたり、「指をつめろ」と脅されたり、八方ふさがりのような状況に追い込まれてしまったりしたこともあります。

そんなとき、自分を励ます言葉として、この曽国藩の言葉が心に響いたのを覚えています。この言葉は、人と比較したり、人と競ったり、人の言葉に左右されたりするのではなく、深く内省することで自分自身をよく知ること。そして、今自分が置かれている境遇で最善の行いをし、志を失わず自分がすべきことを行えば、死後も残る立派な業績を上げることができる、という意味だと私は捉えています。

今は辛く、苦しく、評価もされず、批判も受け、厳しい立場にあるけれど、他人をうらやんだりしないで、やるべきことを一所懸命する。いずれ、きっと認めてもらえるときがやってくるはずだ、いつか歴史が自分を求めるときがやってくるはずだ、と自分を励ますのです。

誰でも、頑張っていたら認められ、褒められたいものです。しかし、そうした他人の評価が大切なのではなく、自分の本分を尽くすことこそが大切なのです。

会社の経営についても、短期的に華々しく業績を上げた経営者が大きくメディアに取り上げられることがあります。しかし実際、本当にその経営が良かったかどうかは、五年、一〇年と見ていかなければわかりません。

短期的に業績が上がった理由は、将来に対する投資をやめて、目の前の経費カットをしただけだという可能性だってある。実際、そうしたケースは決して珍しいものではありません。

逆に、短期的にはなかなか業績も上がらず、パッとした評価も得られないけれど、人財育成など中長期で会社が繁栄するための礎を築いている経営者もいます。地に足のついた改革を行い、一時的な痛みや批判を恐れず、自らが矢面に立って苦しい時期を乗り越えようとする。

果たして、どちらが優れた経営者なのでしょうか。

メディアはついついニュースになりやすい目先のことばかりで判断しがちです。世間も長い目で評価する姿勢を持つべきでしょう。しかし、本当に強い人、超一流の人は、そもそも人の評価などは気にしないのではないかと思います。

何より大切なことは、人からの評価よりも、自分の良心からの評価なのです。自分がやるべきことを、精一杯頑張ったんだ、という気持ちが自分で持てるかどうか。それこそが重要なのです。

人に知られようが知られまいが、関係はない。評価されようがされまいが、気にしない。有名になるとか、世間に支持されるとかには、興味がない。

逆にいえば、常にそれくらいの意気込みで仕事をしなければ、大きな業績など残せるはずがない、ということです。問われているのは、実は自分自身の意思の強さなのです。

そういう強い意思を持った人こそが、超一流になるのだと思います。

「其の所を失わざる者は久しく、死して耐も亡びざる者は寿し」

老子（中国古代の哲学者）

生前、高い志を持ち続け、世の中に貢献し、死後も人々の記憶に残る人こそが、不朽の名声を得る。老子の言葉は、なかなかに奥深いものがあります。中国古典の世界で両巨頭といわれる老子と孔子ですが、老子から見れば、孔子は「まだまだ青い」と見ているようです。

『論語』は、人と人との関係に必要な「仁」と「礼」について教えています。それに対して老子の思想は、ありのままの「自然体の人間」を問うています。

老子は紀元前六世紀の人物とされていますが、実在していなかった、という説もあります。神話上の人物だという意見、複数の歴史上の人物を統合させた人物だという説もある。それくらい深い内容を残した、ということなのかもしれません。歳を重ねるにつれて、私も老子の言葉がとても味わい深く感じられるようになってきました。

2 リーダーは、人間として磨かれるべきである

一 至誠に悖るなかりしか
一 言行に恥づるなかりしか
一 気力に欠くるなかりしか
一 努力に憾みなかりしか
一 不精に亘るなかりしか

海軍「五省」

海上自衛隊第1術科学校HPより

自分を振り返り、真心に反する点はなかったか。恥ずべき行いや発言はしていないか。精神力は十分であったか。十分に努力したか。最後まで十分に取り組んだか。これは「五省」と呼ばれる、戦前の士官学校である海軍兵学校で用いられた五つの訓戒です。

日本の海軍は、単なる戦争技術屋ではなく、立派なリーダーを作ることに力を入れました。士官教育のために掲げられたこの言葉は、本当に本質的なものを示しています。これこそ、リーダーに求められることです。

海軍兵学校は、エリート中のエリートが行く学校でした。どんなに学力が優れていても、それだけでは入学を許されなかった。心身ともに頑強でなければいけなかった。東大にでも入れるような頭の良さは当たり前。それに加えて、身体の強さも求められた。

まさに本当のエリート中のエリートを受け入れた学校が強く意識したのは、スキル的な教育だけではなく、道徳的な教育もしっかり行う、ということでした。

エリートは地位が上がるとともに権力というパワーを手に入れることになります。しかし、そのパワーには大きな責任が伴うのです。その教育が、今の日本では欠けてしまっているように思えてなりません。

国を引っ張るようなリーダーには、やはり心身ともに優秀な人になってもらわないといけません。もとより、生まれつき能力差というものはあります。頭の回転も速く、理解も早く、状況判断もすばやくできる人が、リーダーを務めるべきです。

しかし、そうしたリーダーが、その能力や権力を自分のために使ってしまったらどうなるか。天から与えられた貴重な能力と地位によって得られた権力は、広く世の中のために使ってもらわないといけないのです。

残念ながら今は、そういう教育はなされていないようです。もちろんすべてとはいいませんが、とにかく勉強さえできればいい、という教育を受けた人が偏差値の高い大学に入り、大企業に入り、あるいは高級官僚になって大きな権力を手にするのです。

何百億円ものお金を動かすこともある。本当に組織のためを思って働いているのではなく、自分の出世のために働いている人を、私は何人も知っています。それは正しいあり方なのか。もし、権力を持ったこういう人たちが悪いことをし始めたら、そのスケールはコソ泥程度のものではなくなるのです。

権力と責任はセット。これは、リーダー教育、エリート教育の中で必ず教えられるべきことです。一国のリーダーや権力者が、もし誤った方向に国を進めてしまったら、多くの国民が不幸になってしまいます。

だから、必ず責任を取ることを教えられるのです。逆に、責任をしっかり取る覚悟のない人は、リーダーになって権力を持つべきではないのです。

司馬遼太郎さんが『坂の上の雲』（文春文庫）で描いた時代、日本のエリートたちは強烈な愛国心と危機感を持っていました。

今の日本の「エリート」たちはどうなのか。

有名企業に入社するのもいい。政治家になるのも、官僚になるのもいい。ベンチャー企業を作るのもいい。でも、この日本という国をオレが救ってやるという思いを持っているエリートは、さて、どのくらいいるのでしょうか。

国を背負うエリートやリーダーは、やっぱりきちんと育てないといけないと思います。**「大いなる力には、大いなる責任が伴う」**と。そして、自らエリートやリーダーを目指したいなら、必ずその自覚と覚悟を持たなければなりません。

スキルや技術を磨くだけでなく、人間性を磨かなければいけないのです。

3 カリスマ的な人だけが、リーダーであるわけではない

それ君子の行ないは、
静以って身を修め、倹以って徳を養う。
澹泊にあらざれば、以って志を明らかにするなく、
寧静にあらざれば、以って遠きを到すなし。

諸葛孔明（古代中国の政治家）

『［実説］諸葛孔明　ある天才軍師の生涯』（守屋洋著　ＰＨＰ文庫）より

これは、「誡子書（かいししょ）」に書かれた言葉です。君子は、静かに身を修め、自ら厳しく徳を身につける。自我を捨てて無欲でなければ、志を表すことはできないし、落ち着きがなければ人としての成長はできない。本当の君子は、一見愚者に見えるほど落ち着いている。

いわゆる騒々しいカリスマリーダーだけが、リーダーであるわけではない。むしろ深く落ち着いたリーダーこそが、真のリーダーだと私は思います。

世の中では、声も大きくて、グイグイと前に出ていくようなリーダーがもてはやされがちですが、それだけがリーダーというわけではありません。目立たなくても自分をしっかり持っていて、言うときは言い、場合によっては命がけの行動もいとわない。普段はおとなしくて、目立たず、愚者のように見える。そんな存在でいいのです。

リーダーはこうであるべき、人に評価されるにはこうであるべき、という勝手なイメージが一人歩きしてしまった印象が私にはあります。社長時代、いろいろな人と面接をしましたが、やたらと自分の優秀さや人脈をひけらかす人もいました。

でも、私自身が仕事を通じて、心から尊敬できるリーダーたちには、そんな人はいません。静かで、おとなしく、腰が低い人たち。でも本当は、心に秘めた煮えたぎった正義感を持ち、いざというときに存分に自分の能力を発揮できる人たちです。

「セルフブランディング」という言葉がありますが、私にはそれがとても安っぽく聞こえてしまいます。ブランディングしていったい、どうしようというのか。大切なことは、どう見えるかではない。何がしたくて、どうなりたいか、という志です。自分が定めたミッションであり、使命です。

自分の見せ方やプレゼンテーションの前に、人間性や志が磨かれていなければいけない。見せかけのブランディングよりも、本質的な中身のほうがはるかに大切なことです。

若い頃は、自分は小さな存在なのではないか、と思ってしまいます。私自身も、二〇代の頃はそんなふうに感じていました。上司にかわいがってもらえる同僚がいたりすると、余計に焦ってしまったりする。

『論語』の冒頭部分に、人に知られていなくても、誰も恨むことのない人が君子だと書かれています。

でも、考えてみたら、若い頃の自分は実際にとても小さかったと思います。その頃は実績が何もなかった。それは、仕方のないことです。大切なことは、その自分の小ささに気づいて、少しでも大きくなろうと努力していくこと。そうすることで、少しずつ自信が出てくる。自信が出てきたら、あえて自分を大きく見せたりする必要はなくなっていきます。

恐ろしいのは、能力もないのに、何かのきっかけで権力を手に入れてしまうことです。権力を手にした途端、周囲の反応は変わっていきます。「すごいですね」などと言われるようになっていく。ところがもし、本当の力がなかったとしたら、これは悲劇です。結果的に、本人だけではなく、まわりの人に対しても大変な苦しみを与えかねない。

私は社長を務めていたわけですが、もしそれまでにさまざまな苦労や経験がなかったとしたら、もっと苦しかったと思います。苦労しながらも、いろいろな経験をしてきていたからこそ、社長の椅子に座ってなんとかやってこれたと思っています。

若い頃は、自分を大きく見せることにエネルギーをかけるよりも、いかに自分の中に経験をたくさん貯め、真の実力を蓄えていくかということにエネルギーをかけたほうがいい。

ある程度その貯金が貯まってくれば、実力は自然に染み出てきます。何も言わなくても、それが勝手にブランディングになっていくのです。だから、中身もないのに、見てくればかり気にしてもしょうがないのです。

世の中というのは面白いもので、長い目で見れば、見せ方がうまくて途中までは上がれても、中身がないと、そこから先にはやっぱり上がっていけないのです。

遠回りに見えるかもしれないけれど、自分の中身をどれだけ積み上げていけるかを意識するべきです。その「中身」には大きく分けて二つあって、ひとつは「スキル（才）」、そしてもうひとつが人としての「徳」の部分です。

仕事以外にも、本を読んだり人に会ったりして「スキル」を磨き、人としての「徳」を積んでいく。それが、わかる人にはきちんとわかる、持続的な成長をもたらし、ブランドになっていくのです。

4 リーダーは、お茶目であってもかまわない

「虹」
私の心は躍る、大空に
虹がかかるのを見たときに。
幼い頃もそうだった、
大人になった今もそうなのだ、
年老いたときでもそうありたい、
でなければ、生きている意味はない！
子供は大人の父親なのだ。
願わくば、私のこれからの一日一日が、
自然への畏敬の念によって貫かれんことを！

ウィリアム・ワーズワス（イギリスの詩人）

『イギリス名詩選』（平井正穂編　ワイド版岩波文庫）より

日産自動車にいた三〇代前半の頃、私はソリの合わない上司と、目前に迫っていた留学と、膨大な仕事量からノイローゼのようになっていた時期がありました。こういう精神状態というのは怖いもので、自分ではおかしくなっていることに、なかなか気づけないのです。

そんなとき、妻が言った一言が、私をハッとさせたのでした。

「マンションを出たところに、花が咲いているのに、気づいた?」

私は、我に返りました。毎朝花壇の前を通っていたのに、全然気づいていなかったのです。ノイローゼまでいかなくても、毎日忙しくしていると、ついつい周囲を見る余裕をなくしてしまうものです。

何かに対して感動できる心を常に保とうとしておくことは、とても大切なことです。

ときどき、ふっと空にかかる虹を見上げてみる。道ばたの花を探してみる。そういう余裕が、人生に豊かさをもたらしてくれる。それはきっと、仕事にもプラスの効果を生んでくれるはずです。

何かに集中することも重要ですが、集中し過ぎると、他のものがまったく見えなくなってしまうものです。余裕をなくし、感性が鈍ってしまう。極めて狭い視野の範囲内で仕事をすることになってしまいます。

この詩のように、大人になっても、虹を見て胸を躍らせる自分でいたい。そういうみずみずしい感性を持ち続けたいと、私も思っています。

しかし、現実では、世の中のスピードはますます速くなっています。効率がとにかく重視される。かつては、海外に出張したら、数日間くらいは自由な日を作り、見聞を広げてきなさい、という度量のある経営者もたくさんいました。一年間、とにかくおいしいものを食べてこい、と言われた駐在員から、大ヒット商品が生まれた食品メーカーのエピソードもあります。

ところが今は、出張に行っても、すぐに帰ってこいと言われる。効率が何より大切だから、と。その一方で、クリエイティブな仕事をしろ、と言われたりする。

しかし、会社がそうだから、と嘆いていても何も始まりません。会社がしてくれないのであれば、自分でできることをやってみるべきです。そうでなければ、仕事も人生も殺伐としてしまう。余裕や潤いは作れません。

例えば、通勤時にひとつ手前の駅で降りてみる。歩く道を変えてみる。地下ではなくて地上を歩いてみる。お店の人に話しかけてみる。美術館に行ってみる。映画を見て、涙を流す。自然に触れる。ちょっとでも、心躍ることをやってみようと考える。

私の友人には、出張のたびにお城巡りをしている人もいます。最近は私も出張に行ったら、ひとつだけでも何かしらのイベントを持つようにしています。神社にお詣(まい)りする、美術館に立ち寄る、タクシーの運転手さんお勧めのラーメン屋さんに行ってみる……。

優れた経営者は、意外にお茶目な人が多いものです。いたずら好きだったり、多様な趣味を持っていたり。いろんなものを面白がれる感性と器がある。それが人間的な魅力につながっている。ただ仕事だけをして、社長に登り詰めたわけではないのです。

スピードや効率化の時代といわれていますが、一方で心の余裕を大切にして、事業を成功させている会社もあります。ベストセラーを連発しているある出版社は、夏の間は水曜日の午後を半休にしてしまいました。その時間には何をしてもいいのだそうです。もとよりこの会社は、全社の売り上げ目標が達成できたら、全社員が年間で一カ月ずつ休める仕組みがある。こういう余裕が、すばらしい結果を生んでいると私は思います。

ちょっと心が躍ることを、経営者も社員も、もっともっと意識すべきです。

5

リーダーは、自分で運命をコントロールする気概を持つ

心が変われば行動が変わる
行動が変われば習慣が変わる
習慣が変われば人格が変わる
人格が変われば運命が変わる

山下智茂（星稜高等学校野球部名誉監督）

『心が変われば　山下智茂・松井秀喜を創った男』（松下茂典著　朝日新聞社）より

これは、元プロ野球選手、松井秀喜氏の高校時代の指導者、山下智茂氏が練習場などに掲げていたものとして有名になった言葉です。また、ヒンズー教の教えだという説、アメリカの心理学者ウィリアム・ジェイムズの言葉だという説もあります。

「心が変われば……運命が変わる」

多くの自己啓発本には、「願いは叶う」といった、この言葉と同じようなことが書かれています。自分が強く思えば叶う。でも、念ずるぐらい強く思わないと叶わない。

最終的には、自分の運命は自分の心の中にある、ということです。

多くの経営者も、同じことを別の言葉で語っています。例えば、経営の神様、松下幸之助さんは、これを「素直な心」と言っていました。松下さんは、深い意味合いのことを極めて平易な言葉でおっしゃっていた方です。でも、その中身は、実績を積み上げられた経営者だからこそ、説得力があり、凄みがあります。

素直な心を持っていれば、人の言っていることを虚心坦懐に聞け、実行できる。それは、そのまま自分自身の成長につながっていきます。

変な色眼鏡をかけることなく、いろいろなことに素直に感動できる。それは豊かな感性を生み出し、クリエイティブな仕事を可能にします。人を疑ったり、ひねくれた心で物事を見たりしてはいけないのです。

私自身を振り返ってみると、私は本当にいい教育を受けてくることができた、と感謝しています。小さい頃、私を育ててくれたのは祖母でした。その祖母に、いつも「まっちゃんは、すごいね、すごいね」と褒められて育ったのでした。

学校に通い出してからも、中学三年の担任の先生や、大学のゼミの先生が、「岩田君は将来が楽しみ」「岩田は大物になる！」と言ってくださった。

それは、大きな勘違いだったと思いますが、大切な心の支えになりました。だから自分自身を信じて頑張れた。

自分を信じることができない人は、努力もできないのです。自分を肯定し、信じることから始めないといけません。

私には、採用面接の際、よく尋ねていた質問があります。

「これまでの人生で、あなたが一番光り輝いていたのは、いつでしたか？」

この質問に対してどのようなエピソードを選ぶかによって、その人の価値観がわかります。また光り輝いているというのは、一番その人らしさが出て、強みが発揮できた状態です。部活でも、文化祭のイベントでも、アルバイトでも何でもいい。それをお話ししてもらうことが、とても参考になりました。

大切なことは、小さな「成功体験」を積み重ねることです。小さな成功、何かができたという体験。その積み重ねが、自分を信じることにつながり、次の大きな成功を生む。

成功できたということは、能力が最大限発揮できていたということ。それを面接によって思い出してほしい、再び会社でそうした成功体験を積んでほしい、という思いもありました。そこから、自分を信じる気持ちにつながっていくと感じていたからです。

自分を信じることとは、自分の意思で可能になるものです。それこそ、毎朝起きてから、「オレはツイてるんだ」と口に出してみるだけでも変化が現れると思います。実際、ツイていると思った人は、ツイてくるのです。

思い込んだ人が、勝ちだと私は思っています。私自身も、とても運が強く、何かに守られているという感覚を若いときから持っていました。

そしてこれは、個人のことに限りません。日本の未来について悲観している若い人も多いと聞きますが、悲観していたら、本当に悲観的な未来がやってくるだけです。日本の運命は、日本人の心が決めるのです。景気も同じです。景気の「気」は気持ちの「気」。だから日本の将来には明るい未来が待っているのだと国民に夢を持たせられるような政治家の出現を期待しています。

顔を上げて、もっと前を向くべきです。

もっと潑剌（はつらつ）とした気概を持つべきです。それが、日本という国の運命をも、変えていくことになると思います。

6

リーダーは、無私の心を持つ必要がある

命もいらず、名もいらず、
官位も金もいらぬ人は、仕末に困るもの也。
此の仕末に困る人ならでは、
艱難を共にして國家の大業は成し得られぬなり。

西郷隆盛（薩摩藩の武士・政治家）
『西郷南洲遺訓』（山田済斎編　岩波文庫）より

昔から、私がとても好きな言葉のひとつです。無私の人は、最も強い。**自分がいかに儲けるか、得するか、社内でうまく泳げるか……。そういうことばかり考えている人には、やはり人はついていきません。**

自分の利益のため、自分の保身のため、と思った瞬間に、人に対して強いことが言えなくなるものです。何か言おうとしても、後ろめたさを感じ、言葉尻が弱くなってしまう。ところが、自分は本当に世の中のためを思っているんだ、この会社のためを思っているんだ、と心から信じて言葉を発しているときには、強く意見が言えます。

京セラ創業者の稲盛和夫さんは「私心なかりしか」という問いかけを常に自らに課している、と著書に書かれていました。最後は無私の心が、実は最も強い心だからだと思います。無私の気持ちでいれば、怖いものはなくなる。誰に何を言われても、叩かれたとしても、「これはみんなのためだ」と思えたら、じっと耐えられる。堂々としていられるのです。

二〇代後半の日産自動車勤務時代、プラザ合意による急激な円高で、数百億円規模の利益が吹き飛んでしまった年がありました。戦後、初めて赤字になり、この会社は本当につぶれてしまうかもしれない、と本気で思いました。

そこで、「座して死は待てない」「日産をとにかく救いたい」という気持ちから、社内改革組織「脱兎倶楽部」を数人の有志で創設したのでした。このときの心境は、自分はどうなってもいいから、日産を良くしたい、というまさに無私の気持ちでした。

まずは会の趣旨やいろいろな活動を広く社員に知ってもらうために新聞を作ろう、と考えました。手書きではあまりにも安っぽい。そこで、ワープロを購入することにしましたが、当時のワープロは極めて高価でした。私の月給ほどの値段です。それでも、思いきってワープロを買い、「脱兎新報」という新聞を作りました。社内の人の参加や協力を得るために、脱兎倶楽部のさまざまな活動について書いていたのです。

「役員とお話をしよう！」「銀座四丁目のギャラリーをもっと格好良くしよう」というプロジェクトも立ち上げました。脱兎倶楽部には日産を少しでも元気にしたいというやる気があって、センスも良い若手が集まってくれました。

しかし、結果的には脱兎倶楽部はうまくいきませんでした。数人から始まり、さまざまな部署の元気のいい中堅、若手が集まり、人数は最終的に七〇名ほどになりましたが、その過程で集まる人が変容していってしまったのです。最初は「本当に日産を立て直したい」という気持ちだけで集まっていたのに、「これをやったら出世できますか」などと平気で聞いてくる人が、やってくるようになってしまいました。

活動自体も頓挫してしまいました。役員と話をしよう、というプロジェクトでは、左翼系の組合が参加してしまい、会場では人事の人たちがずらりと並んで、にらみ合いをするかのような状態になってしまいました。ギャラリーを格好良くしようというプロジェクトでも、国内営業の担当者からお叱りを受けてしまいました。会社を良くしよう、という無私の気持ちの前に、社内で責任回避の意識、縄張り意識が出てきてしまったのだと思います。

また、そうした若手社員たちの気持ちに対する会社側の態度も、決して温かいものではありませんでした。

日産は結局、カルロス・ゴーンのような強いリーダーが現れるまで、業績低迷が続くのです。組織横断的に日産を立て直すという意味では、若い頃の私たちの志は、ゴーンさんと同じだったと思います。

冒頭の言葉は西郷隆盛の言葉を記録した『西郷南洲遺訓』に残されていますが、実はこれは西郷の出身地である薩摩（さつま）の人たちが書いたわけではありません。書いた人は、官軍だった薩摩藩に対して、賊軍と呼ばれて敵対していた庄内藩の人たちでした。

それは、西郷隆盛から意を受けた黒田清隆が、敵軍たる庄内藩に対して紳士的な態度でふるまったからです。庄内藩は以前薩摩藩の藩邸を焼き討ちまでしている。降伏会談終了後、斬首をも覚悟した庄内藩主に、上座を譲り、まるで賓客のように接したのだそうです。

この寛大な態度に庄内の人たちは感動してしまった。それが、『西郷南洲遺訓』につながったのだそうです。西郷という人間の器の大きさを示すエピソードです。

7

権力と責任の関係を知っている人が、本当のリーダーである

およそ人間というものは、
支配の衝(しょう)に当たり、
法を行って試されてみるまでは、
その気性や心もち、
判断力を見極めるのは不可能である。

ソポクレース（古代ギリシャの悲劇作家）
『アンティゴネー』（ソポクレース作　中務哲郎訳　岩波文庫）より

地位が上がりリーダーになったとき、ますます輝く人と、輝きを失ってしまう人がいます。権力を手に入れたとき、その人の本質が現れる。これは真理だと思います。

地位が上がることは、権力が増す以上に責任が増すことである、という自覚がリーダーには必要です。これまで以上に自己修養が必要だということです。

リーダーを選ぶときには、そうした自覚を持てる人を選ばなければなりません。

私が最初に権力の怖さに気がついたのは、日産時代の二七歳の頃、労働組合の役員になることを要請されたときでした。私は、当時の日産労組に強い反発を感じていましたが、中から改革してほしいとの要請を受けました。すると、いきなりあるブロックの組合員八〇〇人のトップになったのです。

組合主催の運動会の練習があったとき、私の目の前でみんなが踊ってくれたことがありました。年上の人もいました。若い女性社員もいました。すぐ隣では「岩田さん、今回の出し物はこういう特徴があるんですよ」と幹部が説明をしてくれる。

それはもう気持ちがいいに決まっています。なんだか自分が偉くなったような気分になりました。その心地良さに酔いしれそうでした。なるほど一部の組合幹部が組合活動にのめり込むのはこのせいかと思いました。権力の魔力です。しかし、同時に私は怖さを強く感じました。実際には、二七歳の若造に過ぎないのです。何かがおかしいぞ、と。地位や権力というのは、恐ろしいと思いました。

その怖さをわかっている人は、用心深くなります。立派な経営者といわれる人たちは、まさにそうです。初めて社長を務めたアトラスでは、社外役員をお願いした大企業の社長さんから、こんなことを言われました。

「岩田君ね、耳の痛いことを言ってくれる、目の上のたんこぶは絶対に必要だよ」

自分を注意してくれるような人、苦言を呈してくれる人を近くに置くことができるか。目の上のたんこぶを自分で用意できるか。リーダーにはそれが問われるのです。

そして「権力は必ず腐敗する」、ということも認識しておかなければなりません。ある商社の経営者が言っていましたが、同じ会社の社長業は、六年以上続けるのは無理だ、と。私もそれは正しいと思います。全身全霊を傾けて社長業に取り組んだら、やはり六年も経てば疲弊してしまいます。

無理をして頑張っても一〇年。それ以上は難しいと思います。長く権力の座に君臨し続けると、みんなからあがめ奉られ、自分は神様だと勘違いしてしまうようなことが起きかねない。

仕事で実績を積み、明らかに次期社長としての能力があるにもかかわらず、社長に指名された際に、「私には荷が重過ぎます」と言えるくらいの人こそ、社長になるべきだと私は思います。その人は地位に対する畏れ、責任の大きさがわかっているからです。

ただ一方で、地位や権力を得てみなければ、実際にその人の本質はわからない、という側面もあります。だから、私が経営者時代に意識していたのは、「この人は」と思う人には、まず「仮免許」を与えてみる、ということでした。本部長代理とか事業部長代行など、仮のポジションを与えてみる。

まずは半年間、様子を見てみる。実質的には任せてしまうのです。その結果、この人なら大丈夫だと思えたなら、仮免許を外せばいい。ちょっと厳しいと思ったら、お疲れさま、と元のポジションに戻ってもらう。

やはりやってみなければわからない、というところがあります。大いに期待している人財には、私はこの仕組みを適用しました。大抜擢（ばってき）をしても、もし時期尚早で本人がつぶれてしまっては元も子もありません。やはり抜擢する人は、慎重に選び出すべきだと私は思います。

これまで、いろいろな業界の人たちに出会ってきましたが、長く成功を続けている人というのは、結局は謙虚で性格のいい人が多いものです。

高いポストに就けば就くほど、人は試される機会が増えていきます。誘惑も大きくなっていく。そのときどきで、揺るがない謙虚な自分でいられるかどうか。

最後は本当に自分の人間性が、試されるのです。

第2章

「ついていきたい」と思われるリーダーになる

「コミュニケーション力」を上げる言葉

8

リーダーには、強さよりも優しさが求められる

幸せになるためには、
社会的に成功するための努力をするよりも、
やさしい人になる努力をするほうが
はるかに有効である。

加藤諦三（作家・早稲田大学名誉教授）

『やさしい人　どんな心の持ち主か』（加藤諦三著　ＰＨＰ文庫）より

権力やお金を手に入れることが幸せになることだ、と考えている人がいます。もちろん、そういった側面を否定するつもりはありません。しかし、偉くなったり、お金持ちになったりしたら幸せになれるのかといえば、必ずしもそうではないのも、また事実です。

社会的に高い地位を手に入れていたり、お金持ちになったりしているのに、不幸せな人は大勢います。逆に、地位もないし、お金持ちでもなんでもないけれど、幸せだという人も多くいます。

幸せというのは、世俗的な成功にあるのではありません。自分の心の内にあるものなのです。

テレビを見ていると、在宅での終末医療のため、走り回っているお医者さんが紹介されていました。人の死を見届けるというとても重い仕事ですが、患者さんご本人やご家族にとっては神様のような存在でしょう。

大病院で権力争いをしたり、看護師さんをあごで使ってふんぞり返ったりしている医師と比べ、どちらがお医者さんとして本当に成功しているのか、と考え込んでしまいました。テレビで紹介されていたお医者さんは、医師としての自分のミッション（使命）をはっきり自覚して、その実現のために誠心誠意頑張っておられる。その姿はとても美しく感じられ、とても幸せそうでした。

日本は豊かになり、かつてほど社会的成功の定義は、単一的なものではなくなってきています。さまざまな生き方、多様な価値観が求められ、あるいは評価されるようになっています。しかし、だからこそ、かえって選択の幅が増え、混乱してしまっている人もいます。いったい自分にとって何が幸せなのか、よくわからなくなってしまっている。

そのひとつのキーワードになるのが、この言葉にあるように、「優しさ」なのかもしれません。

人に優しくなれるような気持ちを抱ける人は、やはり幸せな人です。人に優しくできるのは、精神的に満ち足りているからだと思います。

そもそも地位や権力というのは、自己満足するための要素です。しかし、優しくなるというのは、人のために何かをするということ。このほうが、はるかに高い次元の幸せを感じられるということだと思います。

自己満足の追求には、きりがありません。何かを手に入れたら、またさらに上のものがほしくなる。一億円持っている人は、二億円がほしくなる。大きな家に住んだら、もっと大きな家に住みたくなる。

もっとやっかいなのは、誰かと数字や肩書きで比べてしまうことです。偏差値に重きを置いた教育の弊害もあるのかもしれませんが、私たちは、より数字が高いほうがランクが高い、といった刷り込みをされてしまっています。自分の中で絶対的な価値観がないため、より高いもの、より大きなものを求めてしまうのです。その過程で、他者とついつい比べてしまう。

しかし、優しさとは、物理的に比べられるようなものではありません。優しさは、どれだけ人を思いやれるのかという慈愛の気持ちだからです。

幸せを感じるかどうかは、自分の心次第なのです。それは、自分自身で決めること。物質的な欲求は、永遠に満たされません。それよりも精神的な、利他の心を持ったほうが、より大きな幸せが感じられるのです。

手始めに、「やさしい人になる努力」をしてみてはどうでしょうか。いつでも誰に対しても、優しくなろうとしてみる。これこそが、幸せへの近道だと思います。

9 リーダーは、話し過ぎてはいけない

一度語る前に二度聞け。

西洋のことわざ

『新版　ことわざ・名言事典』（創元社編集部編　創元社）より

自分が話すことは半分にして、人の話を二倍聞く。そして話の内容に興味を持って、真剣に相手に向き合い、相づちを打って質問する。

コミュニケーションにおいては、そんな意識を持つ必要があります。人は誰しも自分の考えていることを聞いてほしいと思っています。だから、自分が話の中心になりたがる。人は誰かとコミュニケーションをしていると、言いたいことを半分しか言えていない、聞いてもらっていない、という思いになるものです。

でも、自分の言いたいことの半分だけ言う、くらいでちょうどいいのではないかと思います。実はそのくらいで、相手と対等だったりする。

聞くことは、実はとても忍耐がいるからです。だから、相手に興味がないと退屈だし、とても疲れます。そして、いい質問は相手の話をしっかり聞いていないとできません。相手の話の内容に興味を持って聞けば聞くほど、いい質問が出てきます。

話を聞いてもらえているということは、承認されている、興味を持たれていると感じられるということです。だから、リーダーや上司は、部下の話に耳を傾けないといけません。

一番やってはいけないのは、リーダーがしゃべり過ぎることです。そんなことはわかっている、とばかりに話を遮って、結論を先に言ってしまうことは避けないといけません。部下は一所懸命、話そうとしているのに、その腰を折ってしまう。これは極めて失礼なことだし、相手にとってはとても不愉快なことであると気づかなければいけません。

自分がその先の答えをわかっていたとしても、我慢して聞いてあげて、すごいね、良かったね、と反応してあげれば良いのです。頭のいい人ほど、先回りして口をはさんでしまう。しかし、黙って部下の話をじっくり聞かないといけません。そしてそうすることで、部下が成長してくれるだけではなく、上司としてもハッとする学びの機会を得ることにもつながるのです。

もとより、「あの人は話がわかる人だ」という人は、よく話を聞いてくれる人のことです。「人の話を聞いてくれる人」というのはポジティブな褒め言葉になっています。

ところが、「人の言うことを聞いてくれない人」というのは、逆にネガティブな評価の言葉になっている。「聞く耳を持たない人」は、それだけで低い評価をされてしまいます。

逆に部下も、上手な質問を上司にぶつける意識を持たないといけません。いい質問をしてくれる部下は、上司にとってはありがたいものです。

実際、何かを指示したとき、その内容が曖昧になっていることも多い。それに対して「期日はいつまでか」「何の会議で必要なのか」「この仕事のゴールは何か」といった具体的な質問をぶつけてもらうことで、曖昧なことが明確になっていくのです。

私は大学時代から受講者として講演や研修に参加したら、必ずひとつは質問すると心に決めています。相手がどんな人でも、どんな大きな会場でも必ず手を挙げる。何かひとつ質問しようと思うと、一所懸命集中して聞かなければなりません。

実は読書も同じです。著者に質問をするくらいの問題意識を持って読んでいくと、気合も入るし、深い理解ができます。姿勢ひとつで、結果も大きく変わるのです。

ちなみに、自分のすることは半分、してもらうことは二倍、というのは、会話をする場面に限りません。例えば、プレゼントの場合、五〇〇〇円のものをもらったら、一万円のものをもらったと考える。逆に一万円のものをプレゼントしたら、五〇〇〇円のプレゼントをしたと意識する。このくらいでちょうどいいと思います。

人間は、どうしても、「したこと」と「してもらったこと」のギャップを感じてしまう生き物です。何かしてあげたことは実態以上にした気持ちになるし、もらったものは実態以下に受け止めてしまう。

だから、自分のすることは半分、してもらうことは二倍、でちょうどいいのです。

「本当に人の話を『聴く』ためには、忍耐、自制、そして相手を理解したいという気持ちなど、高度な人格の要素が必要不可欠である」

スティーブン・R・コヴィー

10

リーダーには、熱さよりも穏やかさが必要である

人間は、穏やかになればなるほど、
より大きな成功、
より大きな影響力、
より大きな権威を手にできます。

ジェームズ・アレン（イギリスの作家）

『「原因」と「結果」の法則』（ジェームズ・アレン著　坂本貢一訳　サンマーク出版）より

大声を張り上げ、大げさな表現を使い、人を煽動しようとする人がいます。ことさら自分を大きく見せようとする人もいます。

しかし、本当に多くの人の心を動かし、実績を上げることのできる人は、静かな情熱を持った人だと私は思います。

熱しやすく冷めやすい人ではなく、静かな情熱で、じわじわと着実に実績を積み重ねていく人になる。すると、結果的に大きな成功、大きな影響力、大きな力を手にできるのだ、と思います。静かに行く者は、遠くまで行くのです。

ただ、このジェームズ・アレンの言葉が意味しているところは、ある種のアイロニー（皮肉）ではないかとも、私は感じます。一般的にリーダーというのは、激情タイプが多いようです。どうしても熱くなり、大きな声を出し、前に出ようとしてしまう。

だから、もっと穏やかになろう、もっと静かになろう、人として徳を積もう、というメッセージがこめられている気がします。

そのくらいの意識を持って初めて、ようやく普通の人くらいの穏やかさになる。

あえて抑えるくらいがリーダーにはちょうどいい、ということです。

誤解を恐れずにお話しすると、私は「悪いこともできるけれど、しない」という人こそ、本当に力のある人だと思っています。どんな状況でもやるときはやるという度胸の良さがある。

ちょうど、忠臣蔵の大石内蔵助（くらのすけ）をイメージします。普段は昼行灯（ひるあんどん）のようにおとなしくしている。しかし御家の一大事のときは、実に的確に四十六士を指揮して、仇討（あだう）ちを果たしました。

もともと、小心で、とにかくルールに従おうという人は、やはり歴史に名前が残るような大物にはなれないと思います。

「悪いことをしようと思えばできるのに、しない」というのは、普段は穏やかに自分をコントロールできている、ということです。しかし、いざ何かが起きれば、慣例やルールを破ってでも大胆な行動に出られる。そういう人は、やはり魅力的な人だと思います。

そしてもうひとつ、この言葉の意味しているところは、目立っている人だけが、優れたリーダーではないということです。自分でしっかりアピールする人は目立つけれど、中にはそうではない人もいます。

人知れずいい仕事をしたのに、「運が良かったから」とか「社員が頑張ってくれたから」などと謙遜する、誰かに手柄をバトンタッチしてしまう。そういう人は、なかなか目立ちません。

声の大きい人がスポットライトを浴びがちです。メディアも結局、記事になりやすそうな人を選んでしまう。

もしかしたら、本当に徳があって、立派な経営者が世の中には大勢いるのに、見つけられていない可能性も大いにあると思います。

常にニコニコして自分の感情をしっかりコントロールできる人こそ、本当に大きな仕事ができるのだと思います。

穏やかであること。これはとても深い言葉だと思います。

11

リーダーは、誰かと一緒に夢を見ることで頑張れる

「ひとりで見る夢は、ただの夢。
一緒に見る夢は現実となります」

オノ・ヨーコ（芸術家・音楽家）
『今あなたに知ってもらいたいこと』（オノ・ヨーコ著　幻冬舎）より

テレビで駅伝を見ていると、それぞれの中継地点で、ランナーが倒れ込むようにしてゴールしていきます。マラソンでは、あまりそのような光景を目にすることはありません。駅伝ならでは、ではないでしょうか。

では、なぜ選手たちは倒れ込むほど全力を出し切れるのか。それは自分一人のためだけに走っているわけではないからです。駅伝ではチームでタスキをつなぎます。チームのために、仲間のために、と思えるから、あんなにも頑張れるのではないかと思います。

まさにこの言葉の通り、誰かと一緒に夢を見ることで頑張れる。すると、いつしか夢が現実になる。チームメイトと、家族と、会社の仲間と……。誰かと一緒に夢を見たほうが、力が出せるのです。

人間は、自分一人では何もできません。自分一人では叶(かな)えられない夢も、誰か仲間と一緒であれば、現実的な大きな夢に変えられる。

リーダーは、部下にとっての、この「誰か」になってもらわないといけない存在だと思っています。

そのためにはどうすればいいか。

江戸時代の伝説の大親分、清水次郎長は、いつでも子分のために死ねる覚悟があったから、数千人の子分の親分になれた。親分のその気持ちは、多くの子分に伝わるのです。だから子分は、親分のために死んでくれるのです。自分のためだけに何かしていたのでは、誰も動いてはくれません。誰もついてきてくれません。

仲間のために頑張るから、仲間も頑張ってくれるのです。

誰かのために何かをしても、自分のところに返ってくるとは限らない、自分が損する一方ではないか、と考える人もいます。しかし、長い目で見れば、それは回り回って必ず返ってくるものです。

もとより、そこに期待をすることそのものが、おかしいことなのかもしれません。なぜなら、実は誰かに何かをしてあげることだけで、大きな喜びを感じるはずだからです。もうその瞬間で還元はされているのです。返ってこようがこまいが、誰かに何かをできたときに幸せな気分になれているのですから。

私が初めて子どもを持ったときに、ある人から「子どもは三歳までに、そのかわいさで恩返ししてくれるのだ」と言われました。だから子どもが大きくなって、自分の面倒を見てもらおうとしたり、何か見返りをもらうことを考えたりしてはいけないのだ、と。自分の子どもが成人する年になった今でも、子どもはかわいくて仕方がないので、すでに子育ての苦労以上に十分過ぎるほどのお返しをしてくれているのだと感じています。

誰かを喜ばせることは、自分にとっても大きな喜び。そう思える人は、幸せな人だと思います。

リーダーシップとは、誰かに影響を与えること、と定義した人がいました。リーダーシップの原点とは、まさしく誰かのために、から始まります。誰かのために、という思いがなければ、リーダーシップは生まれないし、発揮できません。

もとより、その「誰か」がいる人は幸せです。そして、その「誰か」が多くいる人はもっと幸せです。社員でも、家族でも、子どもでもいい。「誰か」は多いほど、喜びも増える。一緒に頑張れる。最近では、「結婚は面倒だ」といった空気も若い人の間にはあるようですが、家族のため、という思いがどれほど人に大きなパワーをもたらすか。それを、家族を持った人は知っています。

「誰か」が増えることは、幸せが増えることなのです。

12

リーダーは、話上手でなくてもいい

人の己れを知らざるを患えず、
人を知らざるを患えよ。

孔子（古代中国の哲学者）
『孔子』（和辻哲郎著　岩波文庫）より

自分の良さを他人はわかってくれない、と嘆く人は多いと思います。しかし、では他人の良さを自分が知っているかといえば、そんなことはありません。だから、他人の良さを知らないことこそ嘆きなさい、と『論語』は言っているのです。

誰にも承認願望があります。人にわかってもらいたいし、自分のことを知ってほしい。自分にはこんなことができる。自分はこんないいことをしている。自分の真価を知ってもらいたいものです。ところが、人のことを知る努力はしようとしません。

「鏡の法則」という言葉がありますが、まずは自分が相手のことを知ろうとすることが大切なのです。そうすると、相手はわかってもらえたと喜ぶし、関係も良くなる。そうすると、自分を好きになってくれるから、自分に関心を寄せてくれる。だから、自分のことを知ってくれるようになる。

やはり、自分から始めないといけないのです。他人は簡単には変えられませんが、自分は努力によって変えられます。そうすることによって、周囲を変えられる。自分の心が変わると、運命が変わっていくのです。

「愛情の反対は憎しみではない。それは無関心なのです」とはマザー・テレサが残した言葉ですが、やはり相手に関心を持ち、それを伝えていくことが愛情の第一歩なのです。**部下に対しても、家族に対しても、まわりの人に対しても、関心を持つ。相手のことを知ろうとすることが大切です。**

私自身にも経験がありますが、相手の話を黙って聞いていただけで、「岩田さんは、人の話をよく聞いてくれる人だ」と言われたことがあります。会話中、ほとんど聞き役に回っていただけで、何もしゃべっていない。何か有益なアドバイスをしたわけでも、解決策を提示したわけでもない。でも話し手は、関心を持って話を聞いてもらえた、というだけで、満足するものなのです。

実は、部下の不平不満や顧客からのクレーム対応などにおいても同じです。とにかく聞いてあげる。耳を傾ける。関心を持ってあげる。一所懸命に聞いてあげるだけで、ほとんどの問題は解決するものなのです。

重大クレームのほとんどは、初期対応のまずさから起こります。お客様の言い分をよく聞かないで、言い訳をしたり、責任逃れをしたりすることから、お客様が感情的になってしまうのです。最初によく相手の話を聞いてあげる。相手に共感を示すことで、重大クレームはほとんど防げます。

ただ、これは言うほどやさしいことではありません。他人に関心を持ち、黙って話を聞いてあげることは、本当に忍耐のいる、難しいことです。誰しも自分が一番かわいいものだからです。

だから、これを前提にすればいいと思います。つまり、自分が一番かわいくて、なかなか他人に関心は持てないことを自覚するということです。先述した例のように、自分のことは半分しか考えないようにして、他人のことは二倍考えるようにする。それくらいで、ちょうどバランスが取れるのです。

もうひとつ、これはひとつのテクニックだと思いますが、あなたにきちんと関心を持っていますよ、というメッセージを送るいい方法が、相手の名前をできるだけ口に出すことです。名前を人に呼んでもらうというのは、やはりうれしいものです。だから、名前を呼んであげる。ただし、くれぐれも、間違いのないように。

また、承認願望は男性よりも女性のほうが強い、という気がしています。それを意識しておく。例えば出張から戻って、お土産を渡すときは、女性から配ってください ね、と伝える。余ったら、男性が食べればいいのです。お土産をもらえない人がいると、女性のほうが不満を持つ傾向があるからです。

さらに、リーダーになったら、リーダーに遠い人ほど気にかけるべきだという認識を持っておいたほうがいい。例えば、地方に勤務している人や新入社員など。だから私は、意識的に遠くにいる人に声をかけ、メッセージを届けていました。また、役員などの近い人には厳しく、お店などの遠いところにいる人ほど優しく接する、ということを原則にしていました。それくらいでちょうどいいのです。

近い人に優しくし過ぎると、遠くにいる人からは、実際以上に優しくしているように見えてしまうものです。できるだけ誰に対しても平等に関心を持つことが、とても大切だと思います。

13

リーダーには、真の友人が必要である

順境において友を得るは易く、
逆境において友を得るは難し。

デモクリトス（古代ギリシャの哲学者）

『世界名言大辞典』（梶山健編著　明治書院）より

人生というのは、浮き沈みが激しいものです。いいときもあれば、苦しいときもある。私自身も、何度も苦しい時期を経験してきました。この言葉のように、そういう逆境にいるときに、真の友だちの存在というのは本当にありがたいものです。

私がスターバックスのCEOを辞任し、震災にあい、膝の手術をして歩くのも困難だった時期に、一緒にゴルフに行っても、まったく容赦がない。ハンディもくれない。おかげでずっと負けっぱなし。でも、いつもとなんにも変わらないように接してくれていることが、とてもうれしかった。そういうことができるのが、真の友だちだと思っています。

また、年に一度どころか、数年に一度しか会えない海外在住の友だちがいます。会っている頻度や回数は関係がないのです。本当の友だちは、いつでも変わりなく付き合ってくれるし、あっという間に昔に戻れる。自分をいつもプラスに持っていってくれる存在です。

友だちは数ではありません。真の友だちは多くはいらないのです。

逆に、付き合っているとエネルギーを吸い取られる人もいます。そういう人間とは、やっぱり付き合わないほうがいい。人の悪口を言ったり、人をうまく利用しようとしたり、いつもネガティブな考え方をしている人には、気をつけなければなりません。

特に注意しなければならないのは、損得で付き合おうとする人でしょう。知名度がある、権力がある、偉いという社会的評価を持っている……。こういった利用価値で人を評価している人とは付き合わないほうが良いでしょう。

誰かに何かしてもらおうという付き合い方ではなく、自分は相手に何ができるかを考えて付き合えるかどうか。それがとても大切なのです。

人脈は、お金や地位よりも貴重な財産だと思います。どこどこの会社で社長をしていた、有名会社に勤めていた、などということは、人生の晩年にはまったく意味を持たなくなっていきます。そうした肩書きから離れても、付き合いが続けられる本当の友だち。そんな本当の人脈があるかどうか。最後には、それが問われてきます。名刺交換しただけでは、いい関係は築けないのです。

私がとてもうれしく思っているのは、スターバックスを辞めてもう三年以上になるのに、お店に行ってコーヒーを買っていると、「岩田さんですか⁉」と声をかけてもらえることがあることです。実は新卒の採用面接で私に会ったことがあるのだ、と。しかもそれが、一度しか会ったことがなかった人だったりする。おどおどしていた面接のときと違って、見違えるように活き活きと接客をしている。

もうスターバックスを離れているわけですから、私はただの一人の客でしかないところが、そんな私にかつてのように声をかけてくれる。とてもうれしいことです。

逆にとっくに肩書きを外れているのに、いつまでも当時の感覚のまま、偉そうに付き合いをしようとする人もいます。これは、極めてみっともないことだと思います。

結局、生身の人間として付き合った人間、付き合えた人間こそが、本当の友だちになっていくのだと思います。相手の志に感動し、愛情を持つことができ、優しさを感じられる。そしていつまでも、それを信じられる。どんなことが起きたとしても、そこには変わりがないのです。

こんな言葉があります。

「人はあなたがどれほど知っているかを気にかけるのではない。あなたがどれだけ気にかけているかを知りたいのだ」

真の友人を得るためには、思いやりや関心を持ってあげることが大切になるのです。結局、人生の真の財産は、人々とのきずなの強さだと私は実感しています。

14

リーダーは、「ありがとう」を口にする

リーダーは、まず最初に現実を明らかにしなければならない。
そして最後にありがとうと言わなければならない。

マックス・デプリー（アメリカ・ハーマンミラーの元CEO）

『響き合うリーダーシップ』（マックス・デプリー著　依田卓巳訳　海と月社）より

少し前、企業の不祥事で、経営者の対応が社会的に批判されていました。人間は、往々にして嫌なことにフタをしてしまいたくなるものです。うまくいったら自分の手柄にするけれど、うまくいかなかったら前任者や部下の責任にしてしまう人もいます。これでは、やはりリーダーとしての尊敬は得られません。

リーダーは厳しい現実をまず冷静に見極め、方針を示し、実行に移す。そしてメンバーをねぎらうことで終わる。椅子で有名なハーマンミラー元ＣＥＯ、マックス・デプリーの本に書かれていたこの一節は、極めてシンプルで、マネジメントの本質をついていると思います。

リーダーは組織に危機感を持たせなければいけません。実は組織にとって最大の敵は「今のままでいい」という安心感だからです。なぜなら、世の中は激しく変化していくのに、自分たちも変化できなければ、取り残されることになります。

しかし、組織にとっては、今までうまくいったのだから、これでいい、というのが一番楽なのです。今までの延長線上を惰性で走るのが、一番心地いいのです。

実は個人も同じです。いつもと同じ電車に乗り、いつもと同じような人に会い、同じような定食を食べて……。これが一番楽。だからこそ、これを変える、というのは大変な努力が必要になります。

このときに、一番必要なのが、やはり現状の自分に対する危機感です。このままではいけない、と自覚することがとても大切になるのです。

実際には、組織に危機感を持たせることは簡単なことではありません。経営者が厳しい現実を冷静に見極められたとしても、それが組織に受け入れられるとは限らないからです。

私自身にも経験があります。例えば、社長就任後大きく業績を伸ばすことができたザ・ボディショップでも、社内の意識が大きく変わったからこそ結果が出ました。しかし当初は、何か新しいことをやろうとしても、できない理由が山のように社内から飛んできたのでした。それは、よくあることであり、当たり前のことです。

そんな中で、少しずつ成果が出始めたら、「あ、これでいいんだ」という雰囲気が社内に出始めた。最初はほとんどの人が懐疑的だったのに、そのうち一割が賛同してくれるようになった。次第に変革への参画者が増えていって、大きな弾み車がガラガラと動き出し、これが一気に会社を変えていくことになりました。

このときも、最初に抱いてほしいと思っていたのは、やはり危機感でした。このままで本当にいいのか、ライバルと比べてどうなのか、なぜ今のままではダメなのかを自覚してもらう必要があったのです。会社が大きな赤字を出していたりすればわかりやすいのですが、そこまで行っていない「そこそこいい会社」が実は一番危ないのです。これは、名著『ビジョナリー・カンパニー2 飛躍の法則』（日経BP社）でも書かれていることです。

ただ、難しいのは、危機感を煽（あお）り過ぎると今度は社員に動揺が広がって、転職活動が始まったりすることです。みんなひそひそ話で、リストラの噂が立ったりする。だから、健全な危機感を持たせることがとても大切になるのです。

そしてリーダーが忘れてはならないのが、メンバーに「ありがとう」と感謝の言葉を言うことです。人間はついつい、成果が出れば、自分の手柄にしたくなるもの。それこそ、自分の功績は実際の二倍に考えてしまいがち。また、自分のミスは半分の責任にしたくなるもの。人間は、そうした傾向があるのです。

意識したほうがいいのは、できるだけメンバーを「ありがとう」とねぎらうことです。とにかく声をかける。

私も「ありがとう」をよく口に出していました。どんな場面でも、何かをしてもらったら、「ありがとう」と礼を言う。業績が達成できれば、社員に「ありがとう」と言い、大入袋を出し、利益をみんなで分ける。

マネジメントレターの最後は必ず「ありがとうございました」で終わっていました。これには、社員の方からも今でもとても印象に残っている、という言葉をもらったことがあります。

大げさでなくていいのです。

ちょっとしたタイミングや、ちょっとしたことでねぎらいの声をかける。これだけで、社員のみなさんの気持ちはずいぶん変わっていきます。次の頑張りにつながっていくのです。

第3章

「ついていきたい」と思われるリーダーになる

「マネジメント力」を強化する言葉

15

リーダーは、相手に長所と短所を教えるべきである

人を教えることはできない、
ただ自悟させる手助けをするにすぎない。

ガリレオ・ガリレイ（イタリアの物理学者）
『世界名言大辞典』（梶山健編著　明治書院）より

馬を水辺に連れて行くことはできても、水を飲ませることはできない、という言葉があります。ガリレオの言葉通り、人にものを教えるのも、これと同じだと思います。やはり本人がその気にならないと、いくら教えても右耳から左耳にすっと流れて、腑（ふ）に落ちないままで終わってしまうのです。

そこで重要になるのが、飢餓感です。喉が渇いているときに水を差し出せば、おいしく飲んでもらえる。でも、喉が渇いていないときに水を渡しても、ありがたみはない。「どうしても欲しい」という状態になっていないといけない、ということです。教える側は、これを認識しておかなければいけません。

禅に「啐啄（そったく）」という言葉があります。雛（ひな）がかえろうとするとき、雛が内からつつくのを「啐」、母鳥が外からつつくのを「啄」といいます。転じて、機が熟して悟りを開こうとしている弟子に対して、師がすかさず教示を与えて悟りの境地に導くという意味だそうです。

昔の職人は、弟子に何年も下積みをやらせ、師から極意や秘伝を聞きたくて聞きたくて渇望したとき、初めて教えるのです。

また自らが学ぶ側のときのことも考えてみると、仕事でも勉強でも、教えてもらって、頭ではなんとなくわかった気になっていた。しかし、実際にそれを体感することで、ようやく「ああ、こういうことだったのか」と合点がいくことがあります。教えてもらったり、本を読んだりしているだけでは、本当の意味でわかったわけではない、ということです。本当の理解は、その知識を実行に移して初めて身につく、ということです。

もし、頭だけでわかった気になって実行に移さなかったら、人や本から教わる価値は半減してしまいます。

ときどき、本を読んでも「つまらなかった」と言う人がいます。本当に内容がお粗末な場合もありますが、読み手が語られていることを読み取れなかった、ということもあると私は思います。

言い換えれば、チューニングが合っていない。本当の教えが注入されるだけの準備ができていなかった、つまり啐啄のタイミングではなかったということです。

何かの原理原則を本から読み取るんだ、という意識をしっかり持っている人は、ちょっとしたエピソードからでもヒントを得ます。そのエピソードと自分の問題意識を合わせることができる。だから、常に問題意識を持つということは、やはり極めて大切だと思います。

せっかく時間をかけて本を読むのです。何かをつかんでやろう、と問題意識を持って読むべきでしょう。

「何も得るものがなかった」などというのは、あまりにもったいない。それは、何かを本から読み取る問題意識が自分にはなかった、ということかもしれません。

経営者はよく、まったく違う世界にメンターを持っていたりします。また、戦国時代は武将が僧侶に相談に行ったりしていたそうです。

これは、違う世界でも真理は同じだから、とてもいいヒントになるということなのでしょう。違う世界の話でも、自分自身に落とし込める力が経営者や武将にあるということだと思います。

私は生きていく上での原理原則というのは、実はそれほど多くはないと思っています。それを、いろいろな人が、違った表現で語っているだけではないかと思います。だから世界や業界が違っても、その原理原則をつかんでいる人の話は、自分の世界でも必ず役に立つのです。

「自悟させる手助け」というのは、まさに「コーチング」の考え方そのものだと思います。そしてコーチングのとき、最も本人に気がついてほしいのは、その人の長所と可能性です。

人にとって一番難しいのは、自分自身を知ることです。「あなたはこういうところが素敵だ」「こういう強みがある」……。それに気づいてもらう。場合によっては伝えてあげる。

もちろん人には弱点もありますが、それは本人もある程度、気づいていることが多い。それよりも、なかなか本人でも気づけない長所を教えてあげることです。そもそも、褒めてもらえるのはうれしいことです。元気も出るし、やる気も出てくる。

ザ・ボディショップの社長として新卒の採用面接をしていたとき、学生さんたちの一人ひとりに、面接から感じたその人の長所を伝えてあげる、ということをしていました。

そのうちの一人の方から、十年近く経ってから、ご連絡をいただきました。「あのときの岩田社長の言葉が忘れられません。そんなことを言っていただけた面接は他にはありませんでした！」と言われたのです。それほど人は自分の長所に気づかず、それを指摘されると大きな自信になるようです。

私は「あなたはとても声が良い。広報など人前で声を使う仕事が良いのでは」とお伝えしました。今はキャリアウーマンとして広報の仕事をしながら、週末はローカルのFM局でレポーターをしているそうです。


そしてもうひとつ、自ら気づく手助けで大切なことは、なるべく答えを教えず、考えさせることです。これをするには、部下を信頼して我慢しないとできない。

「船長は血が出るほど唇を噛む」のです。

どうせ言ってもできるようにならない、とあきらめてしまい自分でやってしまうリーダーもいますが、ここでこそ我慢しないといけません。簡単に答えを教えるのではなく、質問による誘導をするのです。まさしくこれがコーチングの原理です。

そもそも、どうしてこれをやらないといけないのか、よくわからないときだってあるのです。そこで、納得できる、説得力のある話ができるかどうか。今は、これが必要な時代です。お金や恫喝などのアメとムチでは、人は動いてくれません。

そして部下も、ただ上司からの答えを待つのではなく、自分で考えるクセをつけること。それが、リーダーになったときに生きてくるのです。

有名な山本五十六の言葉は真理をついています。

「やってみせ　言って聞かせて　させてみて　誉めてやらねば　人は動かじ」

16

人がついていくリーダーは、地位や名誉がある人ではない

「人が従うのは、
地位や名誉ではなく
勇気だ」

映画「ブレイブハート」より

小学生のときに見た映画「ポセイドン・アドベンチャー」を今でも覚えています。船が沈み、ひっくり返ってしまった。そこから主人公たちが脱出する話なのですが、クライマックスシーンで誰かが命がけの重要な役割を果たさなければいけなくなります。

みんなを外に出すためには、熱いスチームが噴き出ているそばのバルブを動かさなければいけない。助かるためには、誰かがやるしかないのです。しかし、バルブを閉めることイコール命を失うことです。そこに向かったのは、生き残ったうちの一人だった牧師さんでした。彼は、少しずつバルブを閉め、力尽きました。

勇気というのは、リスクを取る、ということだと私は思っています。しかも、それは正しいリスクでなければいけません。

戦場で自分の身を守るため、後ろから味方の犠牲も考えずに弾を撃とうとするようなリーダーには、人はついていきません。玉砕せよと総攻撃を命じ、部下を無駄死にさせる指揮官もいます。攻めていくことについては、勇気があるのかもしれませんが、無駄死にさせるのは正しくない勇気。単なる蛮勇です。私がいた会社の社長は無理な拡大策を取り、結局その会社は吸収合併されてしまいました。

この人のために、と思えるようなリーダーだから、部下はついていこうと考える。もし、そうでないリーダーが自分の上司になったら、部下は自分の身を案じるしかなくなります。

会社員生活で辛いことは、自分の本意でないことを、上から命じられてやらざるを得ないことだと思います。そして、「上が言っているから」と部下に言い訳する。「本当はオレもおかしいと思う」と言い訳を付け加え、上と戦おうとしない。けれどこれをやってしまったら、部下からはもう総スカンです。こんな上司についていこうという人はいない。社長から見ても、そんな中間管理職はいらないのです。部下をきちんと説得し、納得させられない管理職は必要ありません。

果たして、自分の信念を貫く勇気を持てる上司になるか、それとも部下からの信頼を失っても会社の言う通りにする上司になるか。

こういう場面は、長く組織勤めをしていたら、必ず出てくるものです。そこで、人間としての真価が問われることにもなります。

私は、地位を守るために自己保身で動くのは、長い目で見て、極めて危険だと思っています。たしかにその場では、自己保身は図れるかもしれない。しかし、部下から失った信頼はもう取り戻せません。あの人は上を見て仕事をする人だ、部下を見捨てる人だという評判は一生ついてまわります。

もちろん、自分が納得していなくても、部下にやってもらわないといけないときもあります。時には、究極の選択、というケースもあると思います。ただ、そのときは、自分の信念に問いかけてみることです。そしてやはり納得いかないのであれば、社長や役員に直談判（じかだんぱん）すべきです。そういうところも部下は見ています。

同じ結果になったとしても、勇気を持って抵抗した結果そうなってしまったのか、勇気を発揮せずにそのまま受け入れたのかでは、根本的に違います。

「ブレイブハート」は、一三世紀末、悪政に苦しむスコットランドの独立と解放を目指した実在の英雄、ウィリアム・ウォレスの生涯を描いた映画でした。

勇気を教えてくれる映画はたくさんあります。クリント・イーストウッド主演の「グラン・トリノ」もそう。周囲からは嫌われ者の退役軍人が、隣家の少年に勇気を教える物語。私は三回見て、三回とも泣きました。

そして大好きなのが、「インディ・ジョーンズ」シリーズです。もうダメか、もうダメか、というところで、主人公は必ず立ち上がってくる。不屈の精神と勇気、アメリカン魂が詰まった映画です。

本だけではありません。意識のアンテナさえ立てておけば、映画からも、たくさんのことを学ぶことができると思います。

17

リーダーは、大いなる力を最大限発揮しなければいけない

〝大いなる力には、
大いなる責任が伴う〟

映画「スパイダーマン」より

これは映画シリーズにもなった「スパイダーマン」に登場する言葉です。

主人公はあるとき、クモ人間になってしまった。人間が持っていない大きなパワーを持ってしまった。ところが、主人公は最初はそのパワーを自分のため、小遣い稼ぎのために使おうとして、賭けプロレスをやるのです。そのときにコソ泥を見かけたのですが、自分には関係ない、と見逃してしまったのでした。

ところが、その見逃したコソ泥が、自分を探しにやってきてくれた、最愛の育てのおじさんを殺してしまうのです。そこで、彼は正義に目覚めることになります。自分が手に入れた力に対する責任を自覚し、その力を悪党退治に使っていくのです。

シンプルなストーリーですが、「大いなる力には、大いなる責任が伴う」という言葉にはとても深い意味があると思います。

スパイダーマンは偶然、力を手に入れたわけですが、生まれつき高い能力を持っている人もいます。能力は英語で、「ギフト」と呼ばれることもあります。すばらしい才能は、神様から与えられた贈り物なのです。

天から与えられたものだから、私物化してはいけないのです。そのギフト（天賦の才）を自分のためだけではなくて、世の中の多くの人のために使わなければいけ

ないのです。

この考え方は、欧米では「ノーブレス・オブリージュ」という言葉に象徴されています。戦前は、日本にもしっかりあった考え方でした。優れた能力を持った人間はエリートとしての自覚を求められ、人一倍、心身ともに鍛えなければいけなかったし、勉強もしなければいけなかったのです。自分に対しては厳しく、人に対しては優しくしなければいけなかった。

ところが戦後、こうした風潮がなくなってしまいました。

生まれつき頭が良く、有名大学を出て、高い地位に就いたキャリア官僚やビジネスパーソンがいます。彼らは本来、自分のすばらしい能力を、自分の利益のためだけではなく、世のため人のために使わなければならないのです。

ところが現実はどうか。往々にして、その地位と権力を利用して、自分の欲望のために、ずる賢く立ち回っている人も多い。勉強さえできればいいという空気が、こういうエリートを生んでしまったのだと思います。日本には、真のエリート教育が本当に必要だと思います。

エリートたちは、いずれ高い地位に就いて権力を持ちます。必要なのは、自分は

大きな力を持ったのだという自覚や畏れです。その地位に就くことにより得た権力を、乱用してはならないのです。

日本では、エリート教育という言葉は、ネガティブな印象になっています。しかし、組織には必ずリーダーが必要です。そのリーダーには、なるべく能力の高い人になってもらうべきだと思います。

しかし同時に、リーダーになってもらうということは、組織における権力を付与することを意味します。リーダーがその権力を組織や世の中のために使わず、自分のために使ってしまってはいけないのです。

日本の教育現場では、勉強さえできれば良いという風潮があります。勉強のできる人が大会社に就職したり高級官僚になったりして権力を持っていくわけです。しかし、ちゃんとしたエリート教育がなされていないので、そのエリートたちが次々と不祥事を起こすのです。

私は日本でも、「大いなる力には、大いなる責任が伴う」という意識を高めるエリート教育を今こそ真剣に考えるべきだと思います。

世界の奇跡といわれる明治維新では、基本的に実力主義が採用されていました。

それなのに陸軍や海軍が次第におかしくなっていったのは、兵学校卒業時の成績で、その後の出世が決まってしまうようになったからだと思います。組織が硬直的になってしまったのです。

今の官僚組織でも二〇代前半の学力でどこに入省するかが決まり、後は敷かれたエリートコースをまっしぐら。よほどのことがない限りクビにはなりません。日産自動車も私がいる頃は、東京大学卒業生が役員の大多数を占めました。しかし、ゴーン革命後、現在の役員の出身大学は多様性に富んでいます。

国家の盛衰は、その国の指導者やエリートに大きく左右されます。

エリートは意識的に育てないといけない。しかし硬直的にならず、常に競争にさらして、敗者復活の機会も与えるようなシステムに変えていかなければならないと思います。

我々が標榜（ひょうぼう）する民主主義には必ず良きエリート、良きリーダーが不可欠です。民主主義を守っていくためにも、エリートの育成に社会として注力していくべきだと思います。

18

リーダーは、わかりやすい言葉で夢を語ろう

「偉大なリーダーとは、
自分の夢を皆の夢であるかのように
言い換えられる人だ」

ニティン・ノーリア（ハーバード・ビジネススクール学長）
『リーダーシップの旅　見えないものを見る』（野田智義　金井壽宏著　光文社新書）より

リーダーとは、人々には見えない未来（ビジョン）を見て、その夢をわかりやすい言葉で語り、みんなを鼓舞し、そこへ連れて行こうとする人です。そうすることで、時にはモーセのように、海をも割る奇跡が起こるのかもしれません。

そこでとても残念なのが、日本の政治家に、夢を語れる人が少ないということです。

もちろん、さまざまな人がいる世の中で、誰もが同じように理解できる夢を見せ、そこに連れて行くというのはなかなか難しいことだと思います。そこに行くまでには、野を越え、山を越え、海を越えていかないといけない。夢とリーダー本人の両方が信じられていないと、途中で多くの脱落者が出てくるでしょう。

しかし、実際にそれを成し遂げた政治家もいます。例えば、アメリカのケネディ大統領は、一九六〇年代中に月に人を送る、という夢を語りました。とてもわかりやすく、心躍るストーリーです。

そして、実際に月に行っただけではなくて、その過程から多くの先端技術が生まれました。政治家が夢を語り、成功した、象徴的な例だと思います。

科学技術の話だけではありません。人々の魂を揺さぶった演説で知られるキング牧師は、いつか黒人と白人が肌の色に関係なく一緒に食事ができる日が来る、と語りました。ビジュアルとして浮かぶ、とてもわかりやすい夢です。だから、みんなが同じように夢を見ることができました。

今からは想像もつきませんが、一九六〇年代以前には、白人と黒人がテーブルを囲むどころか、同じトイレを使うこともなかったのです。あの当時からすれば、今は夢のような時代です。その絵を人々にわかりやすく思い浮かばせたのは、大変な言葉の力だと思います。同じようなことをキング牧師以外の人が言っても、あそこまで感動的で、歴史を変える事態には至らなかったのではないでしょうか。

GDPを何兆円増やすとか、輸出額を大きくするとか、そういう経済的なことを言われても、なかなか夢は持てません。

もちろん、夢が語られた時代もあったし、夢をうまく語って大きく成長してきた会社もありました。日本列島改造論の田中角栄首相はわかりやすい例ですし、松下電器産業（現パナソニック）やソニー、ホンダなどでも優れたリーダーがわかりやすい夢を語りました。

今なら、ソフトバンクが象徴的でしょうか。ソフトウェアの卸から始まった事業は、出版、携帯電話などに広がり、次はロボット産業やエネルギー産業を視野に入れている。これは、経営者である孫正義さんが、五〇〇年後、一〇〇〇年後の日本の将来を考えているからでしょう。

だから、人も業績もついていく。経営者がビジョナリーであるがゆえ、だと思います。もはや目指しているのは、単なるＩＴ企業ではないのです。

そして背景にあるのは、「志」だと思います。夢というのは、個人的願望で終わってしまうこともある。それでは、多くの人は賛同してくれないし、動いてはくれません。

ところが、「志」なら動くのです、世の中をこんなふうにしたいという気持ちをみんなで共有する。みんなの心に火をつける。それは、大きな志があるからだと思います。

作家の田坂広志さんは『未来を拓く君たちへ　なぜ、我々は「志」を抱いて生きるのか』（PHP文庫）の中で、次のように「志」を定義されています。

「与えられた人生において、己のためだけでなく、多くの人々のために、そして、世の中のために、大切な何かを成し遂げようとの決意」

それが、「志」を抱くということだ、と。

ビジョンを目に見える形にする。優秀な経営者には、それができるのだと思います。だから、みんなに夢のあるビジョンをわかりやすい言葉で話せる。これこそがリーダーです。

戦後、産業界は頑張ってきた。今度は、国レベルで、政治家にもビジョンを語ってほしいのです。官僚の作ったルビのふってある作文を読み上げるのではなく、自分の言葉でビジョンを語る指導者が出てくることを切に願います。

19

リーダーは、気迫を持って学び、教えなければならない

一棒一条痕(こん)、

一摑(かく)一掌血

王陽明(中国の儒学者)

『伝習録 「陽明学」の真髄』(吉田公平著 タチバナ教養文庫)より

この言葉は、もともと禅録に見られる表現です。

「一棒一条痕」は、棒で叩いたら、叩いた部分に一生その痕が残る、という意味です。つまり、何かを学ぶときは、自分の背中に痕が残るくらい、気合を入れて学びなさい、ということ。

「一摑一掌血」は、掌を握りしめたとき、血の痕が残るくらいにギュッとつかみなさい、つまり、何かを教わるときは、師の言うことはすべてをギュッとつかみとるくらいの気迫で学びなさい、ということです。

また、王陽明は「滴骨血」という言葉も残したといわれています。昔、墓荒らしが横行していた時代、自分の先祖の墓がどれだかわからなくなってしまったら、見つけた骨に子孫が自分の血を垂らす。スッとしみていく骨は、自分の祖先の骨である。その血をはじいてしまうのは、先祖の骨ではない。そんな言い伝えがあったといいます。

師は、自分の血を弟子の骨に注ぎ込む。弟子の側もその血を骨に吸い込ませるように受け取る。心血を心骨に注ぐ。教えの伝授とは、そういうものでなければなりません。

自分の思想は、それくらいの気迫を持って、自分の弟子たちに注いでいかなければいけないのです。

私はよくマネージャー会議などの教育の場でこの話をしていました。そのくらいみんな気迫を持って学んでほしいし、教えるほうも心血を注いで教えてほしい、と。

教育者がスキルや知識の切り売りだけをするティーチングマシーンのように教えるのは、真の教育ではありません。ＡＩのほうがずっと優秀です。

学ぶというのは、人としてどう生きていくか、ということに尽きると思います。

いい先生というのは、授業の中でその端々に人柄や生き様がほとばしるものです。それまでの努力や苦労は、教えている中で必ず現れる。学生時代、そういう先生が教えている科目は好きになりました。その先生が好きだから、その科目が好きになれるのです。実際嫌いだった科目が、先生が変わることで好きになったことがあります。

頭の良い人、何でもすぐにできてしまう人の中には、人に教えるのが下手な人が多いものです。なぜなら、なぜできないのか、ということがよくわからないからです。しかし、自分ができなくて苦労した人たちは、ここがわかりにくい、ここが覚えにくい、実はこういう意味なんだ、という試行錯誤の結果を身につけています。だから、生徒の気持ちがよくわかるのです。あとはどれだけ教えることに志を持っているか、先生の人間性が大切な要素になっていきます。

何を教えるか、ということよりも、誰が教えるか、ということが重要だということです。

今はインターネットもあって、情報や知識を学ぶことがどんどん手軽なものになっています。しかし、逆にそれは本当に幸せなことなのか、と考える必要もあると思います。

自分が苦労して、本当に壁にぶつかって、考えて考えて身につけたという経験が減ってしまう。だから、知識がとても薄っぺらいものになってしまいかねない。

学ぶ楽しさもなくなる。丸一日、図書館にこもって何十冊も探して、ようやく一行にたどり着いた、なんてこともない。便利になった分、勉強することの楽しみが逆に少なくなっているような気がします。

そしてかつては、知識の量がその人の評価にもなりましたが、今では誰もが簡単に知識を手に入れられ、物知りだからというだけで差別化はできなくなってきています。

それよりも、もっと本質的な、人としてどうあるべきか、哲学や徳を含めた人間力や、本質的な思想や考え方がより問われてきています。だから、何を言っているか、よりも、誰が言っているか、が問われる時代になっているのです。

本当はお手軽に学ぶべきではないのです。もっと苦労して、よく考えながら学んだほうがいい。簡単に知識を入手して、自己満足しないほうがいい。

本当の学びとは、知識の量を増やすことではなくて、人間としてどう生きていくのかということを学ぶことです。

一冊の本を読むにしても、作者が心血注いで書いた一行一行を、自分の魂に刻むのだという気迫を持って読んでほしいと思います。

20

一国の盛衰は、リーダーによって決まる

一國は一人を以て興り、一人を以て亡ぶ。
賢者は其の身の死するを悲しまずして、
其の國の衰へんことを憂ふ。
故に必ず復た賢者有りて、
而る後に以て死す可し。

蘇洵（中国の文人）

『新釈漢文大系　第17巻　文章規範（正篇）上』（前野直彬著　明治書院）より

一国の興亡は、その国を担うリーダーによって左右される。賢者は、自分の身が滅んでも悲しむことはないけれど、国の行く末をこそ憂うもの。だから、必ず国を託すに足る賢者を後継者に据えてから死んでいくべきである。

『管仲論』に書かれた言葉ですが、まさに企業レベルでも同じことが当てはまります。一人の創業者によって、企業は興り、また一人の経営者によって衰退していきます。

企業の繁栄を継続させるには、良き人財を育て、ミッションや価値観を体現した後継者を選ぶことが大切です。

実際、二代目が継いで、一時的に業績は良くなったけれど、苦労知らずのお坊ちゃんが安易に拡大主義に走り、結果的にはおかしくなってしまった、という企業があります。いい後継者が出てくればいいのですが、そうでなければ会社は滅んでしまいかねないのです。

戦国武将、武田信玄は自分の父親を追い出して、自分が領主になったと歴史では伝えられています。しかし一般的に考えたなら、もともと父親に仕えていた部下たちは、「それはおかしい」と倫理的にも反発するのではないか、と思えるのですが、そんなことはなかった。

父親も決して能力のない人ではなかったそうですが、部下たちは、どちらが自分たちの大将としていいか、冷静に見極めたのでしょう。息子の武田信玄のほうが、明らかに能力がある、と。戦国時代は、いい武将が大将になればどんどん領地を取っていけます。部下はその分出世できる。ところが、大将の能力が低ければ即、それは死を意味します。そんな戦乱の中で、究極の選択をしたということなのだと思います。

大阪商人の後継者選びの知恵も有名な話です。基本的に息子には後を継がせず、一番優秀な番頭を婿に取り、後を継がせるのです。その際は、一〇年、二〇年と住み込みで働いている小僧から最も優秀な人財を選ぶのです。二〇年間、査定、評価したあとに選ぶわけですから、間違える可能性は極めて低い。

そして実の息子には道楽三昧をさせるか、仏門に入れて、絶対に経営に口出しさせない。そうすることで、商家が滅びるのを防ぐのです。

経営者の最大の仕事は、後継者を選ぶことだとよくいわれます。後継者選びに失敗したら、企業が永続するのは難しくなるからです。

現代の会社は、現社長が次期社長を選ぶケースが多いわけですが、自分より優秀な人を選ぶのは、現社長にとって度量がいる、ともいわれます。

ともすれば、自分がせっかく築いてきたものを否定され、壊されるかもしれない。あるいは比較されて、前の経営者より現経営者のほうがすばらしいと思われたくない。そんな嫉妬心が結果的に、少し能力は劣り、社長を退いたあとも自分を重んじてくれるような人を選ばせてしまう。会長のおかげです、と言ってくれるような社長を選んでしまう。そろそろ会長をリタイヤしようか、と相談すると、いやいやまだいてください、などと言ってくれる社長を選びたいのです。

出処進退で一番難しいのは、退だといわれます。節度を持って辞めるのは、極めて難しいのです。それこそクーデターで追い出されてしまう社長もいる。

ただ、経営がうまくいけばうまくいくほど、退けなくなる危険は高まるものです。会社を立て直して中興の祖などになってしまえば、自分と会社は一体化してしまう。

自分がいなければこの会社はダメだ、などという思いにもなる。

後継者がいないと嘆き、それを自分が長く社長の座に居座る理由にしている経営者が多くいます。自分自身が、後継者育成の最大のがんになっていることに気がつかないのです。もっとひどいのは会長という立場で院政を敷いて、次から次へと社長を交代させているという例です。

しかし、会社にとって自分はプラスかマイナスか、ということを真剣に考えなければいけません。どんなスーパーマンでも、いつかは精神的にも肉体的にも、老いる。そして「権力は必ず腐敗」します。

身を引くことの難しさと大切さを、リーダーは常に強く意識しておく必要があります。

その点で、ホンダの創業者、本田宗一郎さんは本当にすばらしいリーダーでした。No.2の藤沢武夫さんとともに、さっと引退されたのです。だからこそ、今もホンダは社長が長期在任したりしない。潔く辞めていく。

そして、だからこそ本田宗一郎さんは、今なお名前が語り継がれているのだと思います。

21

リーダーは、目立たなくてもいい

話すことは少なくしましょう。
説教して聞かせても、それが人と触れあう場にはなりません。
それならどうすればよいのでしょう。
ほうきを持って、だれかの家をきれいにしてごらんなさい。
それが充分に語ってくれます。

マザー・テレサ（修道女・「神の愛の宣教者会」の創立者）

『マザー・テレサのことば　神さまへのおくりもの』（マザー・テレサ著　半田基子訳　女子パウロ会）より

背中で人を引っ張るリーダーがいます。見ているだけで、自分の背筋が伸びるように思える人。つべこべ言わずにオレみたいにやってみろ、というリーダーです。メディアの報道を見ていると、ひどく政治家や経営者を批判したり、厳しいことが書かれていたりします。しかし、それを書いている人たちは、どんな努力をしているのだろうと、ときどき思ってしまいます。

リーダーに求められるのは、目立つ発言よりも、小さな行動を起こすことです。するど、ちゃんと見ている人は必ず見てくれている。やがてそれが、「ついていきたい」と思われることにつながっていくのだと思います。

また、リーダーに限らず、一人ひとりが、何かひとついいことをやっていければ、世の中は変わっていきます。

例えば、一人ひとりが路上に落ちているゴミをひとつ拾えば、あっという間に街はきれいになる。「一隅を照らす」という言葉がありますが、世の中すべてを照らすことは難しいから、自分が照らせる範囲でいいのです。それがとても大切です。

世の中が悪いとか、政治が悪いとか言う前に、まずは自分で自分の家の庭先をきれいにしてみる。家の前を掃き清めてみる。落ちているゴミを拾う。できることをやる、ということが、とても大切なことだと思います。

一〇〇の言葉よりも、ひとつの行動。一〇〇の説教より、ひとつの手本。政府や大企業を批判し、社会変革だと声高に叫ぶより、目の前に落ちているゴミをそっとポケットに入れる人になりたい。そんなふうに思っています。

22

大きなビジョンを掲げるリーダーは、社会をも動かせる

私の人生を駆り立ててきた原動力は何かと問われれば、私はいつでも、情熱だと答えます。
私の強い信念は、
ビジネスは楽しいものになり得るのであり、
愛と善意の強い力で行えるものだということです。

アニータ・ロディック（ザ・ボディショップ創業者）

『BODY AND SOUL　ボディショップの挑戦』（アニータ・ロディック著　杉田敏訳　ジャパンタイムズ）より

アニータは、こうも言っています。

「指導力というものは、会社を世界一の大会社、豊かな会社にしたいという望みではなく、道義的なビジョンに基づくべきです」

経営者やリーダーにとって一番大切なことは、どんな使命感で、どんな組織やチームにしていきたいか、ということだと私は思っています。

部下やメンバーにルールを守れ、方針に従え、というのは、リーダーではなくマネージャーの仕事です。

リーダーの役割とは、組織のミッションを定め、将来に対するビジョンを描いて、組織を鼓舞して導いていくことです。

この言葉を残したザ・ボディショップ創業者のアニータ・ロディックが企業理念に据えていたのは、「社会変革」でした。化粧品会社であるにもかかわらず、社会変革を目指していた。通常、化粧品会社の企業理念は、「女性の美のために」というたものが一般的でしょう。

ところが、ザ・ボディショップは社会を変え、世の中を良くするということを企業理念とし、それを真剣に追いかけていました。

彼女の原動力は、社会の不正に対する怒りでした。会社が儲かるとか、女性を美しくするということよりも、社会を変えるほうが上位にある。つまり、ザ・ボディショップという化粧品会社を通じて、「社会変革」を成就したいと考えていたのです。

だから、アニータはザ・ボディショップを売り上げで世界一の化粧品会社にしたい、などということは少しも思っていませんでした。化粧品を売ることと同時に、化粧品の動物実験反対、地球環境保護、フェアトレード、人権問題など、社会的な活動を推し進めていきました。

ザ・ボディショップがなぜ成長したか。こうした大義、ミッションに、社員みんなが賛同してついていったからです。お客様からも熱烈に支持していただいた。アニータの情熱が、人を動かしたのです。アニータは化粧品を通じて、自分たちの理念を売っていたのです。

ただ、だからこその難しさがあったのも、また事実です。アニータは企業経営者でありながら、官僚的な経営を否定、MBAを持ったピン・ストライプのスーツ（ウォール街やシティなど金融街の象徴）も大嫌い。だから、彼らの言うことを聞きませんでした。彼女自身も「経営者」と言われるのが嫌で、自ら「アクティビスト（社会変革の活動家）」と称していました。

結果的に、一時会社は厳しくなり、最後は株式をロレアルに売却、七〇〇億円ともいわれる売却で得た資金を、彼女はすべて社会団体に寄付してしまいました。

経営者としては評価が分かれるかもしれません。しかし、世の中にインパクトを与えたという意味では、間違いなく偉大なリーダーだったと思います。

近頃、会社の不正やお金を巡る不祥事が起きたりしますが、彼女の意識の高さに比べてなんと小さいものか。それは、社会をより良いものに変えていくという道義的ビジョンがないからではないか、と思います。

大きなビジョンを掲げたリーダーは、会社のみならず、社会をも動かしていくのです。

「自分の存在が小さすぎて影響力などあるわけがないと思う人は、蚊と一緒に寝てみたら？」

これは、『ミッション』（アスコム）でもご紹介した、私の好きなアニータの言葉です。彼女は間違いなくうるさい蚊でした。

第4章

「ついていきたい」と思われるリーダーになる

「決断力」を鋭くする言葉

23

リーダーは、大切なこと一点に集中しなければならない

どのくらいプライオリティをしっかりして、
集中してやれるかという能力は、
とても重要なファクターだと思います。

利根川進（生物学者・ノーベル生理学・医学賞受賞者）

『私の脳科学講義』（利根川進著　岩波新書）より

人生においてただひとつ確実な真理があります。それは、人生は有限であり、必ず終わりがあるということです。ですから、時間こそが一番大切な資源です。

大事をなすためには、小事を切り捨て、大事に集中することが大切です。ある意味で、当たり前のことですが、これがなかなかできない。

企業経営では、「戦略とは何をしないかを決めることだ」ともいわれています。人生の戦略でも、同じことです。

この言葉通り、結局、大きなことをなす人というのは、集中力が違うのだと思います。人間の持っている時間は有限です。だから、仕事でも学問でも芸術でも、一点に集中することが大切になる。一点に集中するとはつまり、それ以外のことをいかにやめるか、ということです。

ところが、あれもこれも、と日々目の前のことに流されて、肝心なことに時間を費やせない、ということになってしまうのです。

まずはやるべきことに集中し、自分にとって、そのときどきで一番大事なものは何か、ということを、きちんと認識しないといけません。

そして、時間管理を意識する。私は経営者にエグゼクティブ・コーチングをするとき、最初にその企業が達成すべきミッションの確認をし、次に時間の管理についての話をします。時間をうまく管理できなければ、「やるべきこと＝ミッション」の実現に集中できないからです。**企業にとって最も大切な資源は、経営者の時間です。**その時間を社長としてミッションの実現に充ててもらわないといけません。

経営者時代、気をつけていたことがあります。それは、二週間に一度は、ある程度まとまった時間を作ることでした。秘書さんにお願いして、最低でも連続で三時間は空けてもらうようにしていたのです。

そのまとまった時間に、そのときの状況からふっと身を引いて自分を眺めてみる。会社を眺めてみる。何をやるべきか、自分に問いかける。経営者ですから、やるべきことはたくさんあるわけですが、それを整理してみるのです。

パソコンにメモ書きし、やるべきことのリストを見直し、重要度と緊急度を意識しながら、まとめていく。どうしても「重要ではないけれど、緊急なもの」に振り回されてしまうのが、日常の時間の使い方です。一方で、ついつい忘れてしまうのは「緊急度は低いけれど、重要度は高いもの」です。それが何なのかをしっかり見極めておく。これをやっておかないと、重要度の高いものが前に進んでいかなくなるのです。

そして、自分が今やらなければいけないことを見極めていました。経営者にしかできないことと、自分でなくてもできる仕事をはっきり分ける。そして、他の人でもできる仕事は、どんどん任せていくようにしました。そうすることで、経営者としての時間を確保するようにしていたのです。

こんなふうに、日々の仕事を一度俯瞰(ふかん)するためには、ある程度まとまった時間が必要です。五分、一〇分ではできない。余裕がないといけない。だから、まとまった時間を取るようにしていたのです。

どうしても時間が取れないときには、週末の二日のうち、どちらかの午後を考える時間に充てていました。

自分がやりたいことではなくて、本当にやるべきことに時間を費やしているかどうか。常に自問してみるべきだと思います。

ネットサーフィンをしているうちに、あっという間に何時間も経ってしまった、なんて時間の使い方をしていないか。それなのに、忙しくて時間がなくて、やるべきことができない、なんて思ってはいないか。うまく時間を使えているか意識しなければ、こういうことは修正できないのです。

それこそ私のように、五〇代も半ばを過ぎれば、人生の終わりが見えてきます。もし今、ここで人生が終わったら、何を後悔するか、と私も考えるようになりました。後悔しないよう、やるべきこと、やりたいことだけをしていきたいと思っています。

本当に大切なものは何なのか。それに向けて、きちんと時間を使っているか。常に自分に問いかけてみるといいと思います。

24

リーダーには、「勘違い」が必要である

多くの人がおかす過ちは、
「私にはできない」と言うとき、
実は「やってみる気がない」と
言っているのだと気づかないことです。

セロン・Q・デュモン（アメリカ・ニューソート運動の権威
ウィリアム・ウォーカー・アトキンソンのペンネーム）

『集中力』（セロン・Q・デュモン著　ハーパー保子訳　サンマーク出版）より

この言葉の大切なところは、「私にはできない」というのは、実は聞いている側には、「やってみる気がない」と聞こえている、ということです。これでは、とても残念な人、という印象になります。でも、このことに気づいている人が意外と少ない。

何か本を読んだり、人の話を聞いたりして触発されたとしても、ほとんどの人は「これはすばらしい！　でも時間（お金）がないから、今はできない。そのうち時間（お金）ができたら、やってみよう」と言い訳をして、自ら行動や変化を起こすことはありません。「でも」「そのうち」「〜たら」は、凡人たちの常套句です。

やってみる気がない、ということの何が問題なのかといえば、能力の前に「意思」が弱い人間だと思われてしまうことです。生まれ持った人間の能力には、どうしても差があります。しかし自らを奮い立たせる「やる気」には、先天的な差はありません。その人自身の気持ちの問題です。

その弱い意思は、自分自身を信じられないことから来ているのです。できないと思っているから、やってみる気になれない。やってみる気になれないから、実際にできない。そして、自分に自信が持てない。いつしか、こういう悪循環に陥ってしまうのです。

大切なことは、まずは私にはできる、と自分自身を信じることです。できると思ってやってみる。成功するまであきらめない、強い気持ちを抱くことです。

たとえそれが勘違いだったとしても、私はできる、と思ってやったほうがいい。そうでなければ、できるものもできなくなってしまいます。

自分は運がいいと思った人こそ運が良くなる、というのと同じです。大切なことは、自分を信じる気持ちです。自分にはできる、自分にはその才能がある、自分はツイている、自分は大きな力に守られている……。

こういった感覚は、ストレートに人に言ったりすると怪訝(けげん)な顔をされてしまうかもしれませんが、自分の中にはそういった意識を持つべきだと思います。

だからこそ、そういう思いが持てるような環境に身を置いたほうがいいし、そういう友だちと付き合ったほうがいい。元気をもらえる、ポジティブになれる、自分のことを肯定的に見てくれる。そんな人と付き合い、そういう組織に身を置いたほうがいいのです。

私にはどうせできない、ということばかり言う「でも」「そのうち」集団にいたら、できるものもできなくなってしまいます。逆に、多くの夢を持った人たちと一緒にいたら、自分にもその熱が移ってきて、「よし！」という前向きな気持ちになってくる。こういうことは、誰しも経験したことがあるでしょう。

そしてリーダーや上司は、部下に対して、「できるぞ」という気持ちを抱かせ続けなければいけません。いい意味での自尊心を醸成する。それは、教育や指導の本質的な目的のひとつだと私は思います。

もとより、自分にできることしかやらない、という人生は、あまりに寂しいものです。新しいことができるようになるから、人生は広がっていく。楽しさや醍醐味も味わえる。

ただし、ただ「できる」と思ったからといってできるわけではないし、何の努力もなく、いきなりできるようになるわけではありません。準備や練習は必要になるし、時間も必要になる。コツコツと積み重ねることが「できる」につながるのです。功を焦ってはいけません。自分を信じて、じっくり「できる」まで挑み続けることが大切です。

そして何かにチャレンジするときは、何かを捨てなければならないこともあります。何かをあきらめないと、新しいことができなくなることもあります。

「あきらめる」とは、「やらないことを明らかにしてやめる」ということです。逆に自分が「本来すべきことを明らかにして、他を捨て去る」ということです。

何かを捨てる、ということは、考え方を変える、いいタイミングかもしれません。そこから、新しい人生が開けていく可能性が出てくるのですから。

あとでやれば良かったと後悔するよりは、やった結果、後悔したほうがいい。私はそう思います。失敗しても、そこから何かが学べるからです。

つべこべとできない理由を考える前に、「やってみなはれ！（Just Do It!）」なのです。

25 リーダーは、辛抱するからこそ成果は上がると知っている

一念発起はだれでもする。
取りあえずの実行もする。
努力までならみんなするんだよ。
そこでやめたら、ドングリの背比べで終わりなんだ。
そこから一歩抜きんでるためには、
努力の上の心棒（辛抱）という棒を立てるんだよ。
この棒に花が咲くんだ。

桂小金治（落語家）の父親

『泣いて、叱る—ぼくの体当たり教育論』（桂小金治著　講談社）より

例えばスポーツでも、初めてやっていきなりうまくできる人はめったにいません。なかなかうまくいかなくて、それでも我慢して練習を繰り返しているうちに、ある日突然、ホームランが打てるようになったり、高いジャンプができるようになったりする。そこから、より高いレベルでの練習が始まり、頑張っていると、また次のレベルに行ける。

ところが、すぐにうまくいかないと、あっさりあきらめてしまう人が多くいます。もうできない、つまらない、うまくなれない、と。しかし、これでは何をやっても、いつまで経ってもうまくいきません。

どんなことでも、すぐには成果は上がらないものです。そこに至るまで我慢ができるか、辛抱ができるか、ということが問われるのです。

これは勉強でもそうだし、仕事でもそうだと思います。

では、我慢できる人とできない人の差を分けるものは何か。ひとつは、過去の「成功体験」でしょう。頑張っていれば、きっとなんとかなるという自己肯定感が、努力を続ける気持ちを生む。そうやって没頭していると、小さな進歩を感じ、努力自体が面白くなっていくというポジティブな連鎖はとても大切です。

それこそ何巻もある長編小説を読むときも、一巻ですぐに挫折してしまう人がいます。面白くなるのは三巻くらいからだよ、とアドバイスしても、一巻を読み終えることができない。これも、そのうち面白くなるという読書における成功体験がないからだと思います。

ただ、本当に大きな成功をした人を見ていると、そんな我慢のようなものは関係ないのではないか、と感じることもあります。なぜかといえば、彼らは努力を努力と思っていないからです。辛抱を辛抱と思っていないからです。努力することなど、ごく当たり前のことだと思っている。心から自分のしている仕事が大好きで、楽しんでいるのです。

好きだから、無理をせず、我慢もせず、辛抱もせず、自然な努力でうまくいってしまうのです。『論語』の「**これを知る者はこれを好む者に如かず。これを好む者はこれを楽しむ者に如かず**」の言葉通りなのです。

世の中には、経営者にしても、ここまでやるのか、そこまで頑張れるのか、と驚くような人が大勢います。

だから、自分自身の経験談をお話しするときは、いつも気恥ずかしい思いをしています。「岩田さん、すごいですね」と言ってくださる人もいますが、世の中には、もっとすさまじい努力をしている人はたくさんいる、ということが本当は伝えたいことです。私なんてまだまだ序の口、世の中にはもっとすごい努力をしている人がいることを実感しています。

我慢や努力について考えるとき、もうひとつ思うのは、その我慢や努力の方向は本当に正しいのか、ということです。例えば、講演を聞いたり、本を読んだりしただけで、自己満足していないか。ああ、いい話が聞けた、面白かった、というだけでは、映画を見たり、漫画を読んだりする娯楽とあまり変わりがありません。問われるのは、講演や本で学んだことをいかに実際の行動に移していけるか、ということです。

実際、行動に移す人は多くはいない気がします。それでは、講演や本の内容をしっかり体得した、とはいえない。講演に行くことや本を読むことそのものが目的になってしまっているのです。これでは何も変わらないし、もちろん結果も出ない。本来の努力とは、行動にまで落とし込んで自分を変えることです。

行動に移さないインプットをしても意味はない、それは努力ではなく単なるお遊びだ、というくらいの気持ちを抱いておく必要があります。

26

リーダーは、一歩から始める

最初の一歩を踏み出しなさい。
階段全体を見る必要はない。
ただ、最初の一段を上りなさい。

マーティン・ルーサー・キングJr.（アメリカの牧師）

『人生はワンチャンス！「仕事」も「遊び」も楽しくなる65の方法』（水野敬也　長沼直樹著　文響社）より

最初の一歩、最初の一段が踏み出せない人がいかに多いか、と感じます。その理由のひとつが、失敗を恐れて考え過ぎてしまうからだと思います。

この階段は上がっていい階段なのか、他にいい階段があるのではないか、上がっても転がり落ちるのではないか。上り階段なのか、下り階段なのか……。

でも、そんなことを考えているうちに、第一歩を踏み出すチャンスを失ってしまう。そういうケースは少なくないと思います。

キング牧師は、黒人の差別撤廃運動を展開した人ですが、もし彼が当時、「階段全体」を見ようとしていたとすれば、とても第一歩は踏み出せなかったと思います。レストランでも、乗り物でも、黒人と白人は別々、というのが当時の社会では当たり前だったからです。アメリカ建国の理念は「平等、自由、個人の権利」ということでしたが、それは白人成年男子にのみ適用された理念でした。

それを冷静に見ていたら、とてもではないですが、黒人と白人が一緒にレストランで食事をしたり、乗り物に乗ったり、ということが実現できるようになるなんて、考えられなかったと思います。

しかし、それでも彼は「私には夢がある（I have a dream）」という演説の中で、「いつの日か、ジョージアの赤土の丘の上で、かつて奴隷であった者たちの子孫と、かつて奴隷主であった者たちの子孫が、兄弟として同じテーブルに向かい腰掛けるときがくるという夢」を訴えたのです。

大きな夢だからといって何もしなければ、何も変化は生まれません。だから、あえてこれから待つ困難のことは考えず、とにかく最初の一歩を踏み出したのです。

そしてその小さな一歩は、やがて草の根的に広がり、大規模な運動になっていきました。そしてとうとう、キング牧師が夢に描いたような日常が、黒人と白人が当たり前のように一緒にいるというシーンが、アメリカ社会に実現することになるのです。

キング牧師はビジョナリーなリーダーだといわれますが、ただビジョンだけを訴えていたのではありません。最初の小さな一歩を自ら踏み出したのです。

とにかく第一歩から始める。最初の一段を上がってみる。これは、私たちの日常生活でも大切なことだと思います。

例えば、何かレポートを書かなければいけないとする。一気に全部書こうとすると、なかなかパソコンに向き合えないものです。

そういうときは、まずはタイトルだけ書いてみる。一行目だけ書いてみる。それこそ、自分の名前を書いてみるだけでもいい。これが大切だと私は思います。一度何かを始めてみると、潜在意識の中に、問題意識が残るのです。そうすると、脳はどこかで続きを考えてくれている。実際、最初の一歩をやっておくと、次に向き合ったとき、びっくりするくらいすらすら出てくることがあります。

難しいのは、最初の一歩なのです。机の前に座る。ノートを取り出す。パソコンを開いてみる。それが面倒くさくて「やっぱり明日にしよう」「週末でもいいや」「来月でも」……、ということになって、いつまで経ってもできないのです。

まずは一行だけ書く。終わりだけ書く、でもいい。それが大切なのです。まず一歩、まず一行、まず一問。ややこしいことは考えず、何かひとつ始めると、脳と意識が動き始めるのです。

私は、何か書かないといけないときは、とにかく思い浮かんだことを脈略なく、キーワードだけでもパソコンに打ち込んでおきます。まずは最初の一歩です。そうすると日常生活の中に「あ、これ使える！」というヒントを見つけることもできるのです。

それこそ、もしかすると急な上り階段だと思っていたのが下り階段で、トントン拍子に前に進むかもしれません。

27

リーダーは、ノーとは言わない

ノーが一番強力な言葉だと思っている人たちはわかっていない。
イエスが一番強力な言葉だということを。
イエスは自由と感動だ。
イエスは許しだ。
それは可能性だ。
自分と他人に夢見るチャンスを与えることだ。
イエスと言えば心が豊かになる。

ハワード・ビーハー（元スターバックス・インターナショナル社長）

『スターバックスを世界一にするために守り続けてきた大切な原則』
（ハワード・ビーハー　ジャネット・ゴールドシュタイン著　関美和訳　日本経済新聞出版社）より

スターバックス成功の三人の立役者たちは、社内では「H_2O」と呼ばれていました。名前の頭文字を取って、二人のHと一人のO。このうち、誰が欠けてもうまくいかなかったといわれています。CEOのハワード・シュルツ、財務のオーリン・スミス、そしてハワード・ビーハー。ハワード・ビーハーは哲学者であり、スターバックスの良心といえる存在でした。今のスターバックス文化の醸成に大きく貢献した人物です。

彼は、次のような多くの名言を残しています。

「私たちは人々のお腹を満たしているのではない。心を満たしているのだ」

「よいサービスは手足を動かせばできる。一流のサービスは心でするものである」

そんな彼がスターバックスのカルチャーに最も大きな影響を与えた言葉が、「Just Say YES!」でした。

とにかくお客様の要望に対して、すべてイエスと言おう、と。これこそが、スターバックスのサービスの根幹であり、マニュアルに替わる原則です。「道徳、法律、倫理に反しない限り、お客様が喜んでくださることは、何でもして差し上げる」と。だからスターバックスは、機械的なマニュアル対応をしません。フレンドリーで、お客様が感動するような接客ができるのです。

まずは否定ではなく、肯定から入る、と言い換えてもいいかもしれません。この精神が、世界で支持されているスターバックスのカルチャーを生んだのです。

スターバックスの「H_2O」は、毎週月曜日夜に食事を共にしていたそうです。ビーハーはなんでもズケズケ言う人で、シュルツとも何度も喧嘩していたらしい。その点、CEOのシュルツが偉かったのは、自分から謝ったことも何度もあったということです（と本に書かれていました）。

スターバックスで、今や大きな利益を生み出しているフラペチーノの導入に、実はシュルツは大反対していました。ソイラテも同様。逆に、やってみよう、と推進に前向きだったのがビーハーで、後に導入に反対したことをシュルツは謝ったそうです。

シュルツはコーヒーに対するこだわりが強いので、フラペチーノもソイラテも邪道だと大反対したのですが、とにかくお客様の要望を聞こうとビーハーに説得されたのでした。発売したら、大成功！　今やフラペチーノは収益の大黒柱になっています。こんなところでも、ビーハーは、「Just Say YES！」から始めたわけです。

基本的に経営者は、ポジティブな人が成功しています。とりわけ創業者はそうでしょう。何か提案があると、「お、それはいいね」と、とりあえずやってみようとする。新規事業は九割以上が失敗しますが、それでもひとつ当たれば、それで十分なのです。大きな成功を手にできる。

ところが、サラリーマン経営者は、否定から入ってしまいます。先にできない理由を考えてしまう。失敗しそうな理由が頭に浮かんで怖いのです。しかし、これでは、手堅い経営はできても、会社を成長させることは難しい。

新規事業は社長でなければできない、と私はよく言っています。新しい事業だけに、できない理由はいくらでも出てくる。それでも失敗を恐れないでやれるのは、社長だからです。逆にいえば、イエスと言える人でなければ、経営者にはなってはいけない。そうでない人が経営者をやると、会社は大きくならないからです。

コップに入っている水を見て、もう半分しかないと思うのではなく、まだ半分もあると物事を楽天的に見ることのできる経営者が成功するのです。

まずは「Just Say YES !」から。その姿勢が、リーダーには問われるのです。

28

リーダーシップとは、人に影響を与えること

世の中の　人は何とも云はばいへ
わがなすことは　われのみぞ知る

坂本龍馬（幕末の浪人）

『竜馬がゆく三』（司馬遼太郎著　文春文庫）より

これは、坂本龍馬が一六歳のときに詠んだ歌だといわれています。後に薩長同盟、大政奉還の仕掛け人として大きな仕事をやってのけた明治維新の英雄ですが、子どもの頃は小便垂れで、まわりから白い目で見られていた時代もあった、と司馬遼太郎『竜馬がゆく』(文春文庫)で描かれています。

しかし、龍馬はまわりからの評価をあまり気にしていませんでした。「いずれ歴史が自分を必要とするときが来る」とばかりに泰然と構え、気概を持って準備をしていたのです。

そして龍馬自身、自分の名をなそう、などとは考えませんでした。あったのは、日本を救いたい、という一念だけだったのです。

考えてみれば、土佐藩を脱藩してしまった龍馬は、一介の浪人に過ぎません。そんな龍馬が、なぜ暗殺しようとして会いに行った勝海舟のような幕府の要人と師弟関係になれたのか。どうしていがみ合っていた薩摩と長州の間に立って、薩長同盟というとんでもないことができたのか。

龍馬には、多くの部下がいたわけではありません。権力を持っていたわけでもなかった。ところが、彼は間違いなく日本を動かしました。

それは、龍馬自身の人間的な魅力に加えて、彼がまったくの無私の気持ちで行動していたからです。そして、日本のため、という大きな志を持っていたからだと思います。

こうした無垢な正義感こそが、人々が龍馬を応援したくなった原動力だったのではないかと思います。

しかし、同じように無私の志で、日本を救いたい一念で走り回っていた志士たちは、龍馬に限りませんでした。名も知れず、日本のためと思い死んでいった多くの志士がいました。それは、本当にすばらしい行動だったと思います。龍馬は、そんな中で、たまたま名前を残したに過ぎないのです。

私は幕末明治維新の歴史小説が大好きなのですが、当時の志士たちは、自分が江戸に着くのが一日遅れたら、日本の夜明けが一日遅れる、という気持ちで東海道をひた走りました。

籠に乗った志士たちもいたようですが、あの籠というのは、とんでもない乗り物酔いをもたらすものだったそうです。それこそ、顔面蒼白になって、吐きまくりながら、志士たちは日本を飛び回ったのです。

ところが明治維新が成し遂げられると、いわゆる藩閥政治で昔のヨーロッパの貴族のような生活をする人間が現れた。ただ一人の陸軍大将兼参議の西郷隆盛は、無言の抗議として質素な生活を続けました。

坂本龍馬が生きていたら、どうなっていたかはわかりません。おそらく、あの龍馬のことですから、晩節は汚さなかったでしょう。

坂本龍馬は大きな組織を持ちませんでした。海援隊は作りましたが、それも数年。それでも、日本という国を動かした、という意味で、間違いなく彼はリーダーだったと思います。

人を率いて動かすことだけが、リーダーシップではないのです。リーダーシップというのは、人々に影響を与えることでもあるのです。

彼の志に多くの人たちが共鳴した。だから、龍馬は組織を持たずとも、国を動かすことができたのです。

龍馬の師匠である勝海舟は、こんな言葉を残しています。

幕府方にいたのに、新政府にも仕えた勝に福澤諭吉などが攻撃をした、それに対して答えた言葉です。

「行蔵(こうぞう)は我に存す、毀誉(きよ)は他人の主張、我に与らず我に関せずと存候」

つまり、出処進退は自分自身が決めることである。悪口や賞賛は他人が主張するものであり、自分には関係のないことである、という意味です。

自分なりの高い志を持って、それに従った行動については、どんな批判をも許さない、勝のような気概を持って生きていきたいものです。勝海舟もまたすばらしいリーダーだったと思います。

29

リーダーは、大きな夢を見て、それを信じ込んでみよう

偉大なことを成し遂げるには、
行動するだけでなく夢をも持ち、
計画するだけでなく
信念をも持たなければならない。

アナトール・フランス（フランスの詩人）

『「7つの習慣」に生きるための格言集』（フランクリン・コヴィー・ジャパン編　キングベアー出版）より

この言葉の通り、夢を見て、実行しようとしたら、困難はたくさん押し寄せてくるものです。環境もどんどん変化していく。でも、そのときに、自分自身や夢を信じ続けられるかどうか。

夢も見るし、計画もするけれど、最終的にこの信じる、というところが足りない人が多いような気がします。自分で信じられない計画をいくら頑張っても達成は難しいと思います。

これには私自身、実体験があります。ザ・ボディショップの社長時代、六七億円だった売上高を四年で一三八億円までにすることができました。目標は一五〇億円でした。リーマンショックがなければ、おそらく目標に到達していたと思います。一五〇億円という目標を立てたとき、その達成を社内では誰も信じていなかったと思います。しかし、私は信じていました。それだけの可能性は絶対にある。なぜなら、マーケットシェアや出店可能性を算出して、はじき出した数字だったからです。絶対にできると思っていました。

すると半年ほどして本当に数字が上がり始めました。六〇億円が八〇億円になり、一〇〇億円をスッと超えて、ほぼ目標近くまでいきました。

実はそれまでの体制でも毎年、一〇〇億円を目標とするビジネスプランを作成していたのです。ところが実際はなんとか利益を確保しようと、出店を抑え人件費や経費を削っていました。そのときの経営課題は、目標売り上げが三割落ちても利益が出るような体質にすることでした。これでは売り上げはなかなか上がりません。

私は逆に、一店舗の売り上げを三割伸ばすにはどうしたら良いかと、考えを一八〇度変えました。そして、具体的な成長への施策を打ち始めました。どれくらいの店舗を増やす必要があるのか、また人の採用もそれに合わせて考えなければなりません。キーとなる店長が必要になるからです。トレーニングを強化し、新卒採用にも注力しました。

できると信じていたからこそ、具体的なアクションに落としていった。それが、一〇〇億円の目標を掲げながら、達成できていなかった以前との違いだったのではないかと思います。

できる、と信じたら、発想も行動も変わるのです。そして本当に動き始めたら、信じていたのが私一人から、三人に、一〇人に、そしてやがて全社員が信じてくれるようになっていったのです。

結果的に一五〇億円の目標は超えられませんでしたが、私の中では達成感がありました。

一三八億円も、一五〇億円という大きな夢を描いていたからこそ、届いたのです。一〇〇億円を達成した時点でも、単なる通過点、という感じであっさりクリアできたのでした。

やはり大きな夢を見ること。そしてリーダーが信じ込むこと。本気になって計画を達成するためのアクションに落とし込むこと。

これは企業経営に限りません。「英検一級を取りたい」でも「資格を取りたい」でも、何でもいい。「〜したい」ままで終わらせない。絶対に実現させるためには、具体的に今日から何をするか、実行まで移さないといけないのです。

夢と自分を信じて、本気になって、大きくて小さな初めの一歩を踏み出す必要があるのです。

第5章

「ついていきたい」と思われる
リーダーになる

「行動力」をつける言葉

30

リーダーは、せっかちでもかまわない

明日はなんとかなる、
と思うのは馬鹿者だ。
今日でさえ遅すぎる。
昨日のうちにすませてしまっているのが賢者だ。

チャールズ・クーリー（アメリカの社会学者）

『「座右の銘」が見つかる本』（今泉正顕著　知的生きかた文庫）より

大勢の経営者と出会ってきましたが、気が長い経営者というのは、ほとんど見たことがありません。みんな例外なくせっかちです。すぐに電話する。すぐに動き始める。これは共通しています。行動力のない経営者は、まずいないと思います。

リーダーは人を動かすことが仕事ですが、人を動かす前に、まずは自分を動かさなければなりません。いわば、「セルフリーダーシップ」が必要なのです。自分を動かすためには、意思の力が必要になります。例えば冬の寒い朝起きるのも、意思の力です。

できる人は、自分の意思ですばやく行動を起こします。明日でもなんとかなる、とは考えない。やはり優秀な人は、明日ではなく今日のうちにやってしまう。いや、今すぐにやってしまうのです。

経営者とそうではない人の差を強く感じるのは、いつから実行するか、という行動力の差です。経営者は、いい提案だな、と思ったら、「明日からやろう」と声をかけるのです。たいてい、社員はびっくりした顔をします。みんな、きりのいい月初めや来期からやろうとするのです。

しかし、いいことなら、早くやったほうがいいのです。明日からできない理由がないのであれば、すぐにやるべきです。本音では、今日、今すぐにやってくれ、という気持ちです。これが、経営者の感覚です。この感覚を、社員のみなさんにもわかってほしいと思っていました。

とはいえ、やはり人間は弱い生き物です。気力が充実しないときもあり、ついつい怠惰なほうに流されてしまう。だから、そうならないように、自分でルールを決めることが有効です。

例えば私は、子どもの頃から「一〇秒ルール」を作っていました。寒い冬になかなか布団から出られない。勉強をしなければいけないのに、なかなかテレビのスイッチを切れない。そういうとき、一〇秒ルールを導入するのです。

一〇、九、八、七、と順番に数えていき、ゼロになったら、よし、と切り替える。布団から起き出す。テレビを切って、机に向かう。

カウントはいくつでもいいと思います。スイッチを切り替えられる方法を自分なりに作っておくのです。ついつい、一〇から順番に三まで行ったら、また一〇に戻ってしまいたくなりますが、そこはぐっと我慢です。

ちなみにレストランや食堂で注文をするとき、たいてい経営者が一番早く決めます。私もほとんどの場合、一〇秒以内にだいたい決めています。

基本的になんでもすぐにやる、というクセをつけておくことは、とても良いことだと思います。私もメールは原則すぐに返信します。もしかして、四六時中パソコンの前に座っているのではないか、と思われたりすることもあります。いつもレスポンスはできるだけ早くします。なぜなら、すぐに忘れてしまうからです。

経営者を務めていたときは、できるだけ仕事を自分で抱え込まないようにしていました。自分の手元に来たら、指示をしてすぐに誰かに手渡す。もし私が抱えたままでいたら何も動かないものも、誰かに渡せば、私が別のことをしている間に、物事が前に進んでいく。これが、全体のアクションのスピードを上げていくのです。

明日できることは、明日やろう、というメッセージが聞こえてくることがあります。なんとなく受け入れたくなってしまう人もいるかもしれませんが、こういう感覚で仕事ができる人や大物になった人はいないのではないか、と思います。

できる人は、すぐにやるのです。「今日でさえ遅すぎる」、まさに、そうだと思います。

31

リーダーには、毎日継続することで見えてくるものがある

一日練習しなければ自分に分かる。
二日練習しなければ批評家に分かる。
三日練習しなければ聴衆に分かる。

アルフレッド・コルトー（フランスのピアニスト）

『人生はニャンとかなる！　明日に幸福をまねく68の方法』（水野敬也　長沼直樹著　文響社）より

何事も日々、継続していくことは、極めて重要です。今日くらいはいいや。二日くらいはいいかな。まぁ、三日くらいは……。そうしているうちに、どんどん腕が鈍(なま)っていき、まわりにもそれはわかってしまうものです。

経営も同じだと思います。私はザ・ボディショップ時代、約一七〇の店舗すべての売り上げ数値を、毎日見ていました。毎日ずっと売り上げの推移を見ていると、なんとなくお店の状況がわかってくるようになるのです。

ところが、海外出張などでどうしてもデータが見られないとき、一週間でも数字から離れてしまうと、その感覚がずれてきてしまうのです。まとめて一週間分を見ても、ピンと来ない。やはり、毎日必ずチェックすることに意味があるのだ、と思いました。

以来、海外出張に行くときも、ホテルにファックスを入れてもらうなど何らかの形でいつも数字が見られるよう、秘書さんにお願いをしていました。毎日見なければ、流れがわからなくなってしまうからです。

出版社でも、経営者は本の売れ方をずっと追いかけているそうです。それを見ながら、増刷をするか、広告を出すか、といったことを決めるといいます。やはり毎日見ているからこそ、見えてくる流れがあるのです。

継続は力なり、という言葉がありますが、それはいろんなところでいえることだと思います。お店を回る、工場の機械をチェックする、お客様の様子を見る、店頭に立ってみる、掃除をする……。毎日やっていれば少しずつ体に染み込んでいくけれど、さぼってしまったら、やっぱり微妙にカンが鈍っていく。

私が初めて経営者になるときに、それまで取引先としてお世話になっていた副社長さんから、「若い頃は製造機械の近くに布団を敷いて寝ていた。そうするとちょっとした音の変化で機械の故障が事前にわかるようになった」という、はなむけの言葉をいただきました。まさしく現場を日々チェックすることの大切さを、教えていただいたのだと思います。

一日さぼっても、自分以外には誰にもわからないかもしれない。でも、二日やらなければ、上司には気づかれる。そして三日やらなかったら、お客様にまでバレてしまうのです。

一日、二日はごまかせるのです。しかし、三日はごまかせない。だから、コツコツ、毎日決めたことを必ず実行していくことが大切です。

元経済企画庁長官で、大阪万博を企画した作家の堺屋太一さんのお話がとても印象に残っています。若い頃、霞ヶ関の官僚として猛烈に忙しい日々を過ごされていましたが、どんなに夜中遅くなっても、寝る前に必ず、英語の原書を一ページ読んでから寝る、ということをされていたそうです。**名を残す人は必ず猛烈な努力を継続しているのです。**

自分を成長させるための勉強も同じ。体力作りのためのトレーニングも同じ。日々、プロでさえも練習を繰り返しているのです。いや、プロだからこそ一日も休まず、練習をしているのです。

私たちも、言い訳をせず、自分で「これを毎日やるんだ」と決めたことは、どんなことがあってもしっかり実行していく。その姿勢が大切だと思います。

私も、この本のベースとなったフェイスブック上での「リーダーに贈る言葉」の更新をずっと継続してきました。さすがに毎日アップするのは負担に感じることもあります。でも、読んでくださる人がどんどん増え、反響が大きくなってきて、もうこれはライフワークだな、と思うようになりました。

おかげで、こうした本の刊行にもつながりました。「いいね！」は当初三〇ほどで喜んでいたのに、今は七〇〇を超えることもあります。続けることのすごさを感じています。

継続は力なり！　なのです。

32

リーダーは、まず小事から始めなさい

大事をなそうと思ったら、
まず小さなことを怠らず勤めなければならない。
小が積もってはじめて大となるのである。
失敗する人の常として、
大事をなそうとして小事を怠り、
難しいことを心配して、
やりやすいことを勤めないから、
結局大事をなすことができないのだ。

二宮尊徳（農政家・思想家）

『【現代語抄訳】二宮翁夜話　人生を豊かにする智恵の言葉』
（二宮尊徳口述　福住正兄筆記　渡邊毅編訳　ＰＨＰ研究所）より

大学を卒業して就職した人の三割が、三年で辞めてしまうといいます。もちろん、いろいろな理由があるのかもしれませんが、「もっと大きな仕事をやりたいから」という理由も、中にはあるのではないでしょうか。

どんな会社でも、最初はコピー取りから仕事は始まります。どんな人だって、そこからスタートする。ところが、「こんな仕事をするために会社に入ったのではない」というような態度を示す人がいます。しかし、コピー取りだって、立派な仕事のひとつなのです。

和食の板前さんは、まず皿洗いから始めて、一〇年もの間、下働きしかさせてもらえない、と聞きます。下働きは料理とは直接、関係ないように思える。しかし、実は大きな関係があるのです。洗い場の苦労や下ごしらえの大切さを知るのです。

日本企業では、ほぼ間違いなく工場や販売現場から実習がスタートします。それは、とても意味があることだと思います。現場を知らないで、本社の仕事をすることほど危ういことはない、ともいえるからです。

仕事を頼む上司やリーダーの立場に立ってみれば、コピーひとつでもその人の力は見えるのです。コピーさえまともに取れない、きちんと揃(そろ)えて右上をホチキス留めさえできない、そんな人に、やっぱり大切な仕事は任せられません。

たかがコピー取り、などと思わずに、一所懸命きちんと仕事をした人に、やっぱり次の仕事が回ります。次第に信用が生まれて、大切な仕事を委ねられるようになっていく。仕事の報酬は、仕事なのです。

小事はやがて中事になり、大事になっていく。より高度な仕事が任されるから、経験が積まれて、どんどん成長していく。

結局は、小事こそが大事につながっていくのです。

ところが、小事をバカにしながら、小事さえもできていない人は意外に少なくありません。

例えば、取引先など、仕事を依頼する相手の名前を間違えること。実は私自身、よく「松田さん」と呼ばれることがあります。つい最近も、ヘッドハンターに「岩松さん」と言われ、思わず苦笑してしまいました。

仕事を依頼しようとしている人の名前を間違えるというのは、いったいどういうことなのでしょうか。この人は大丈夫か、と思ってしまいます。そんな人の仕事を、気持ち良く受けることはなかなか難しいでしょう。

どうやったら自分の思いを伝えられるかをテーマにした本がベストセラーになっていますが、そもそも相手の名前を間違えていたら、話にならないわけです。基本中の基本の名前を間違えていては、思いは伝わりません。

小事ができていないのに、大事に結びつくわけがない。

逆に成功者というのは、小事までもないがしろにしない人、といえるかもしれません。立派な経営者こそ、小さな仕事をおろそかにしない。それこそ、小事もしっかりやろうとするのです。

二宮尊徳は農業思想家でした。農業というのは、種まき、雑草取り、害虫駆除……とまさに小事の積み重ねの連続です。それが、収穫という大事につながるのです。

一般的に、小事に目を向ける人は意外に少ないものです。小さなことは、ついつい、いい加減にしがちなのです。結局、あとでもう一度やり直したりして、時間を取られて大事に手が回らなくなる。一つひとつ、やれることは確実に、迅速に行うことが大切です。

尊徳には、こんな逸話があります。ある村の官吏をしていたときに、木の根しか撤去できない、まわりの村人からバカにされていた老人がいました。しかし、尊徳はみんなが嫌がる木の根取りをコツコツと続けていた老人に、一五両もの褒美を与えたのです。これは、小事に目配りのできる尊徳らしいお話です。

できることから、さっさとやっていく。あれこれ考えずに、すぐにやる。テストだって、難しい問題は後回しにして、簡単な問題からやったでしょう。けれど、その簡単な問題を間違えると命取りになってしまいます。

実は小事は、結果を残せるかどうかを左右する重要なポイントなのかもしれません。

小事は大事なのです。

33

良い習慣が、すごいリーダーを作ってくれる

毎日、かならずひとつ
すごいことをやれ
それができない日は
すごいことができるよう死力を尽くせ

トム・ピーターズ（アメリカの経営コンサルタント）
『トム・ピーターズのサラリーマン大逆襲作戦①　ブランド人になれ！』
（トム・ピーターズ著　仁平和夫訳　阪急コミュニケーションズ）より

トム・ピーターズは、全世界でベストセラーになった『エクセレント・カンパニー』（英治出版）の著者です。彼はもともとマッキンゼーのコンサルタントで、ユニークな経営を推奨しています。「ワオ！」と言われる、おったまげる経営をやれ、というメッセージをよく発していて、それがこの言葉にもつながっているのだと思います。

ただ、私自身はこの言葉から別のことを考えました。すごいことをやるなんて、なかなか難しい。むしろすごいことじゃなくてもいいので、自分がこれだと決めたことをコツコツと続けることが大切だ、ということです。

私自身を振り返っても、「ワオ！」と言えるようなことをできていたわけではありません。日常生活では朝の散歩とラジオ体操、夜の三〇分の読書、ストレッチ、車中での英語のリスニング……。会社では朝の挨拶、就業三〇分以上前に会社に着くこと、お茶を出してくれた人にお礼を言うこと、洗面所の水しぶきを拭き取ること……。

毎日、いつもと何か少し違ったことをし続ける、というのでもいいでしょう。一駅分、今日は歩く。一日エレベータやエスカレータを絶対に使わない。朝は大きな声で気持ちいい挨拶を心がける……。

心に刻んでおきたいことは、継続は力だ、ということです。継続することが、「ワオ!」につながるということ。「ワオ!」体験をするのはなかなか難しいけれど、毎日の小さな継続が「ワオ!」体験をもたらしてくれるのです。

私たちにとって、一度決めたことを継続するのは、簡単なことではありません。だからこそ、継続することには大きな意味があります。自信にもつながる。そして何より、コツコツと自分への貯金を蓄積していくことが大切だと思います。

毎日、水をかぶっているという思想家がいました。嫌なこと、辛いことを継続することで心胆を鍛えるのです。岩をも突き動かす一念は、そういうところから生まれてくるのです。一滴の水では岩に穴をあけることは難しいけれど、それが何年も積み重なれば、硬い岩にも穴をあけることができるのです。

毎日ひとつやる、決めたことをやる、というのは、意思を強くします。そしてその継続は、生活リズムも作ってくれます。習慣が人を作るのです。

犬と一緒の朝晩の散歩を、私は日課にしています。最初の一カ月、二カ月は、実はとても億劫（おっくう）でした。いつも天気がいいわけではない。ゆっくり眠りたい日もある。風邪気味のときもある。ところが、しばらく続けたら、習慣になるのです。

出張に行ったら犬の散歩はしなくてもいいのに、朝早く起きて散歩をしたくなる。なぜなら、そうしないと、何か気持ちが悪いから。習慣化してしまえば、最初の辛さはすっかり消えて、むしろ決まったことをしないと調子が悪くなってしまいます。習慣になれば、本人にとってはそれほど苦痛ではなくなるのです。

SNSにメッセージをアップする、読書会をやる、ヨガをやってみる……。何でもいいと思います。決めたことを毎日やってみる。続けていると、まさに「継続は力なり」であると実感できます。それは、本当に価値があることです。

イギリスの詩人、ドライデンも**「はじめは人が習慣をつくり、それから習慣が人をつくる」**という言葉を残しています。

ぜひ、良い習慣を作ってください。

34

リーダーは、効率的に時間を使えているか問いかけなさい

われわれにはわずかな時間しかないのではなく、
多くの時間を浪費するのである。

（中略）

われわれの享（う）ける生が短いのではなく、
われわれ自身が生を短くするのであり、
われわれは生に欠乏しているのではなく、
生を蕩尽（とうじん）する、それが真相なのだ。

セネカ（ローマ帝国の政治家・哲学者）

『生の短さについて　他二篇』（セネカ著　大西英文訳　岩波文庫）より

がんで余命三カ月と宣告された人が、その最後の期間、人生で最も輝く時間を過ごすことができた、という話をよく聞きます。残りの人生は短い、とわかった瞬間に、同じ時間であっても有意義に使えるのだと思います。**人生には終わりがある。時間は有限であるということを意識できた人が、時間を価値あるものとして使えるのです。**

この言葉が示すように、人生は無限にあるかのように思っていると、時間を浪費してしまいます。どうでもよい無駄なことに時間をダラダラ使ってしまう。これでは、あっという間に人生は終わってしまいます。

家柄や持って生まれた才能には、人によってどうしても差があります。しかし、時間だけはまったく公平に与えられています。どんな環境であれ、時間を効率的に使い、無駄な時間を使わないようにすれば、生まれ持ったさまざまなハンディを克服することができます。

自分は効率的に時間を使えているか、無駄な時間を過ごしていないか。それを知る簡単な方法があります。それは、自分の時間の使い方を記録してみることです。

誰もが忙しくなれば、スケジュールを管理しようとします。手帳を持ったり、パソコンで管理をしたり、「TO DO LIST」を作ったり。ところが、それはあくまで予定を書き込んでいるだけです。実際、どのようにして予定をこなしたかは意外に把握されていない。

だから、予定を書くだけではなく、結果を書いてみるのです。今日、どんなふうに過ごしたのか、スケジュール表にその日何をして過ごしたかを書いてみる。これをやってみると、自分がいかに時間を浪費しているかがわかります。

思っていた以上にSNSに使う時間が長かったり、集中すれば短時間で終わるはずの仕事に長い時間がかけられていたり。意外にどうでもいいことに時間を多くかけてしまっていることがわかります。だから、時間がいつも足りなくなってしまうのです。

しかし、これは事実がわからなければ、解決できないことなのです。まずは、現状を知らないと管理はできない。面倒ですが、これを一週間でもやってみると、いかに自分が時間を浪費しているかが見えてきます。

私には、苦い経験があります。日産自動車入社一年目で工場にいた頃、もっと落ち着いて仕事をやらないとダメだ、と先輩から指導していただきました。しかし、私は自分なりにちゃんと仕事をしているつもりだったので、態度を改めずにいました。すると、その先輩がこっそり私の一日の時間の使い方をチェックしていたのです。

そして出てきたのは、席に座って、ちゃんと仕事をしている時間は就業時間全体の三〇%にも満たない、という数字でした。席を外して他部署に遊びに行っていたり、隣の人とぺちゃくちゃ話していたりして、本当にすべき仕事をしていたのは、わずかこれだけしかなかったのでした。私は、ぐうの音も出ませんでした。

このような事実を突きつけられると、言い逃れなどまったくできません。そこまでひどいとは自分でも思っていませんでした。それからは言うまでもなく、もっと落ち着いて仕事をするようになりました。

忙しい、という人は世の中にたくさんいますが、実際には忙しい気持ちになっているだけかもしれません。

そしてもうひとつ、時間を有効活用する方法があります。仕事を限界まで引き受けてみることです。仕事を多く受けると、無駄なことをやっている時間はなくなっていきます。

学生時代に部活をやっていた人は、比較的この訓練ができているようです。どうしても勉強にかけられる時間が少ないので、いかに効率良く、試験の点を取るか工夫するからです。仕事でも同じです。これを一度、経験すると効率の良い仕事の仕方が見えてくる。工夫して考えざるを得なくなる。

若い頃に、死ぬほど仕事する、死ぬほど勉強する、というのは、こういうところでも大きな意味を持ってくるのです。

35

リーダーは、一度にひとつのことしかしない

成果をあげるための秘訣を
一つだけ挙げるならば、
それは集中である。
成果をあげる人は
最も重要なことから始め、
しかも一度に一つのことしかしない。

ピーター・ドラッカー（経営学者）

『ドラッカー名著集①　経営者の条件』（P・F・ドラッカー著　上田惇生訳　ダイヤモンド社）より

「寝ても覚めても」という集中力が、何かをなすときには極めて重要になると私は思っています。ニュートンが万有引力の法則を見つけたのも、リンゴが地面に落ちるのを見ていきなり発見したのではなく、ずっとずっと意識して考え続けていたからです。これこそ、ひとつのことに集中する、ということです。

集中とは、他のことを排除することです。あれもこれも、では、集中したことになりません。そこで何が求められるのかというと、自分で優先順位をつけること。そして優先順位の低いものは、どんどん捨て去るか、仕事であれば人に振ってしまう、ということです。

「成果をあげる人は最も重要なことから始め、しかも一度に一つのことしかしない」とドラッカーは言っていますが、これは「優先順位」と「集中」が組み合わされている、という意味でしょう。やるべきでないことを一所懸命することほど無駄なことはありません。

どんなに優れた人も、一度にいくつものことはできないのです。

企業にとって最も大切な資源は、経営者の時間だと私は思っています。ところが、経営者自身がそれを認識していないことが多い。経営者は、本来はその会社の、そのときどきで一番重要なこと、新規事業なのか、人事なのか、マーケティングなのか、研究開発なのか、それを決めて集中することによって初めて、大きな成果を生むことができるのです。

個人であっても、同時にいくつもいろいろなことはできませんから、重要なテーマをひとつ定めることを意識すると良いかもしれません。そこには、「一日」という単位もあるし、「一週間」という単位もあるし、「一年」という単位もあるでしょう。

だからこそ私は、経営者の時代から、今、何を一番にやらなければいけないのか、という質問を常に自分に投げかけるようにしていました。内省する時間、といってもいいかもしれませんが、今一番大事なことは何か、ということを考える時間を作るのです。

これを考えておかないと、何が一番重要なのかがぼんやりとしたまま、時間を過ごすことになってしまう。重要ではない目先の仕事に忙殺され、本来やるべきことに集中できない、ということになるのです。

そしてもうひとつ、集中力を高める方法があります。それは、使命感を持つ、ということです。例えば、坂本龍馬はなぜ、あれほど集中して頑張れたのか。それは、日本が外国に侵略されるという絵が頭に浮かんだこと、また一方で日本が進むべき行き先の絵が見えたからだと思います。「日本を今一度せんたく」しなければ欧米に侵略されてしまう、という危機感や使命感をしっかり持っていたから、集中することができたのです。

だから、自分になぜそれをやるのか、という強い使命感を与えるのです。どうして今、これに集中しなければいけないのか、きちんとビジョンや絵を自分の中で具体的にイメージする、ということです。

そしてこれは、部下に仕事を任せるときにも有効になります。ただ、仕事を任せただけでは、なかなか集中してくれない。そこで、どうしてこの仕事が重要なのか、背景となるビジョンなり絵を見せるのです。そうすることで部下は納得して集中することができる。ただやれと言われてわけもわからずやるのと、できたときの絵をイメージして仕事に向かうのとでは、集中力と成果に大きな差が出てきます。

自分でも、部下でも、成功イメージを見せれば集中できるのです。それこそ高校生の頃、試験の直前はみんな集中したでしょう。こんな勉強本当にやる意味があるのか、と思っている間は集中できない。しかし、試験という目の前のゴールがあれば、集中度は一気に変わるのです。あの感覚をどれだけ持てるか。

ビジョン、志、思い、危機感、使命感などが集中を生み出すのです。

36

リーダーは、時を味方につける

「時」の歩みは三重である。
未来はためらいつつ近づき、
現在は矢のようにはやく飛び去り、
過去は永久に静かに立っている。

フリードリヒ・シラー（ドイツの詩人）
『新版　ことわざ・名言事典』（創元社編集部編　創元社）より

時間は絶対的に同じスピードで流れています。ところが、こちら側の気持ちによって、早く感じたり、遅く感じたりします。

「もういくつ寝るとお正月」という歌がありますが、楽しいお正月はなかなかやってこないものです。明るい未来は、すぐには訪れないのです。ところが、暗い現在は、すぐには過ぎ去ってはくれない。楽しいことは、矢のように速く飛び去ってしまうのに。一方で、つまらない会議の時間はなかなか過ぎてくれない。

結局のところ、時間の流れは意識の産物だということです。幸せな時間、辛い時間も意識の産物。速く過ぎると思うか、遅いと思うかも意識の産物。これがわかっていれば、時間との付き合い方は変わってくると私は思っています。

時間を制する者こそが、人生を制するのです。時間の使い方ひとつで、儚（はかな）い人生に終わってしまったり、豊かな人生になったりします。

辛くて真っ暗な夜でも、必ず朝はやってくると思えるか。そんなふうにポジティブに捉えられるかどうか。

言葉を換えれば、時を味方にする、ということです。時は心を癒してくれることもあります。時がすべてを解決してくれることもあります。

逆に、時を敵に回したら、とても辛いし、いいことは何もない。死は必ずやってくる、ということにばかり目が向かってしまったら、人生は本当に残酷なものになってしまいます。一秒一秒、死に向かっている、と思ってしまうといたたまれなくなります。

敵対しようとすれば、時に振り回されてしまうことになりかねません。時の冷酷さに、いつも直面してしまうことになります。

これも、意識の産物、なのです。常に時間を意識して有効活用することも考えるべきです。

このシラーの言葉で興味深いのは、「過去は永久に静かに立っている」というくだりです。

「立っている」のであって、「寝ている」わけではない。過去は、過ぎ去っても、そこにたたずんでいる。過去からは逃げることはできないということ。過去はいつも自分を見つめているということです。

過ぎ去った過去を変えることはできません。過去は戻ってくることもない。過ぎた時間は取り戻せない。

だからこそ、いずれ過去になる現在とは、しっかり向き合っておいたほうがいい。

シラーが原詩を書いたベートーベンの「第九」といえば、日本では年末が思い浮かびますが、一年を振り返り、今年中になすべきことをなし、そして来年の準備を行う、というのは、とても意味のあることだと思います。それが、時間を大切にすることにつながっていくのだと思います。

ゲーテも**「時を短くするのは何か、活動。時を堪えがたく永くするのは何か、安逸」**という言葉を残しています。

第6章

「ついていきたい」と思われるリーダーになる

「読書・勉強」に効く言葉

37

真のリーダーは、自分はまだまだと思っている

素直な心というものは、
すべてに対して学ぶ心で接し、
そこから何らかの教えを得ようとする
謙虚さをもった心である。

松下幸之助（パナソニック創業者）

『素直な心になるために』（松下幸之助著　ＰＨＰ文庫）より

松下幸之助さんの文章は、いつも平易に書かれているので、一瞬スッと流れていってしまいそうになります。しかし、読めば読むほど、おっしゃっていることはとても深い。この言葉もそうです。

人から尊敬されている超一流の経営者やスポーツ選手は、素直で謙虚な人が多いと感じています。だからこそ、成功できているのだと思います。

松下幸之助さんは、「自分は運がいい」と言い続けた人だといわれています。成功した原因の九割は運だった、と。自分は小学校しか行っていない、能力がないから耳学問で、いろんな人の話を聞いてきた。それが良かった、と。

でも、経営者として実行された施策は、天才的なものばかりです。一般的に見れば、やはり能力が九割だったのでしょう。そうでなければ、「経営の神様」などと呼ばれる実績を上げることはできなかったはずです。

ところが、それでも「運が九割だ」と思っておられるところが、松下幸之助さんらしいと思います。

うまくいったら、「運が良かった」と思い、うまくいかなかったら、「自分が悪か

った」「努力が足りなかった」と思う。

これは多くの自己啓発本でも語られていることですが、多くの成功者が、同じようなことを言っています。こういう態度でいるからこそ、運が良くなる、ともいえるのです。そういう謙虚な姿勢を持った人だったら、まわりの人は思わず応援したくなるのです。

ところが、この逆の人が世の中にはとても多くいます。うまくいったら、「自分の手柄」、うまくいかなかったら、「世の中のせいだ」「運が悪かった」ということにしてしまう。こういう人に対して、周囲は応援したり、ついていきたいと思ったりはしないでしょう。結果的に、良い運もやってこなくなる。成功もおぼつかなくなる、ということです。

高い地位に就き、人が自分に寄ってきている場合は、その人は地位に寄ってきているのだ、と認識し、傲慢になってはいけないと私は思っていました。

ザ・ボディショップの社長、スターバックスのCEOという地位に人は寄ってきているのであって、岩田松雄という人物に寄ってきているわけではない。勘違いせず、謙虚さを持ち続けないといけない、と自戒していました。

素直で謙虚。そういう人は、自分をまだまだだと思っているので、人から受けたフィードバックに対して素直に「ありがたい」と感じて、悪いところを改めようとします。だから、何でも自分のプラスにできます。多くのことを吸収できるし、大勢の人から学べる。どんなにすばらしいアドバイスも、聞く側が素直に聞く姿勢を持たないと無駄に終わります。

また、素直で謙虚な人は、褒め上手な人が多いものです。心から人に対する敬意を持っているからだと思います。

会社は社長の器以上に大きくならない、といわれますが、器とはすなわち人を受け入れる包容力と、素直で謙虚な心だと私は思います。「もうこれでいい」と傲慢になったら、そこで成長は止まる。いつまでも社長が素直で謙虚であれば、まだまだ会社は大きくなっていくのです。

常に前向きで素直、謙虚な心こそが、成功の秘訣（ひけつ）なのです。

38

リーダーは、人に教えるときに自ら学ぶ

読書は充実した人間を作り、
会話は気がきく人間を、
書くことは正確な人間を作る。

フランシス・ベーコン（イギリスの哲学者・政治家）
『ベーコン随想集』（渡辺義雄訳　岩波文庫）より

本を読んだだけで勉強をしたつもりになってはいませんか？　わかったような気になっているだけで、本当はわかっていないことがよくあります。私も、たった今読んだばかりの本の内容を聞かれても、うまく答えられないことがあります。

誰かに本の内容を話したり、人から質問してもらったりすることで理解度が増します。本当にわかっていれば、すらすらと内容が話せるし、さまざまな質問に答えることができるからです。

別の言葉に言い換えれば、人は教えるときに学ぶのです。そしてさらに、自分の言葉で整理して書くことで、もっと深く理解することができます。

読書することは、自分の内面を充実させてくれます。

会話をすることは、相手がどう反応してくるかわからないから、気がきく頭を作ってくれる、ということだと思います。

そして、「書くことは正確な人間を作る」というのは、書くときは、論理的な思考が必要になる、ということです。会話では、ロジックが貫かれていなくても、なんとなく相手に伝えることができます。顔の表情や声のトーンで言葉を補うこともできます。質問をしたり、されたりすることで、曖昧にしゃべっても伝わります。ところが、文章ではそうはいきません。きちんと自分で理解して、それが整理できていなければ、書くことはできないのです。だから、書いていく過程で頭の中が整理されていきます。もやもやしていたことがはっきりしていくのです。

このベーコンの言葉を勉強のプロセスと捉えると、読書はインプット、会話はインプットとアウトプットの繰り返し、そして執筆はアウトプットということになると思います。

読んだことを人に話し、それをさらに自分の言葉で書いてみる。そうすることで、読んだことは自分のものになっていく。自分の言葉で書けて、初めて理解、腹落ちができた、ということです。

私も若い頃の読書では、大切なことはノートに書くようにしていました。本を読んでいると覚えておきたい文章に出会う。それにマーカーを引いているだけでは、なかなか頭の中に入らない。だから、ノートに書き出していく。

手間はかかったかもしれません。しかし、おかげで理解は大きく深まったし、記憶にも長く残ったと思います。

この本で紹介している言葉の中には、そうやって若い頃に読んだ本から引き出されているものが多くあります。そのときに書き出した文言は、こうして今も、心に深く刻まれています。

また、同じ本であっても、読む年代によって受け止め方が変わったりします。二五歳で読むのと、三五歳で読むのと、四五歳で読むのとでは、変わってきます。良い本を何度も読み返し、感想を人と話し、ノートに書いて、アウトプットする。これが、日々の一番の勉強になるのです。

39

忠告してくれる人は、リーダーにとって貴重な存在

忠告は雪に似て、
静かに降れば降るほど
心に永くかかり、
心に食い込んでいくことも深くなる。

カール・ヒルティ（スイスの法学者、哲学者）
『世界名言大辞典』（梶山健編著　明治書院）より

忠告をしてくれた人に心から感謝できる人には、また温かい忠告がやってくるものです。そして、その忠告を自分の中にしっかり留め置ける人は、大きく成長することができます。

そもそも忠告をしてもらえるのは、自分に対して愛情があるからだ、という認識が必要です。もし、相手に愛情がなければ、忠告などしません。忠告をすることによって、嫌われてしまうかもしれないし、逆恨みされるかもしれない。そんな気持ちを乗り越えて、その人に本当に成長してほしいと思っているから、忠告してくれているのです。

にもかかわらず、忠告に嫌な顔をされたらどうなるか。そうか、別に勝手にしていいよ、ということになります。口をつぐめばいいわけです。その人からの距離がどんどん離れていく。もう、自分の成長につながる忠告は得られないのです。

忠告してくれる人は、ありがたい存在です。あなたの人生、あなたの成長を思ってしてくれている、ということです。

本書の「リーダーに贈る言葉」は、フェイスブックに私が日々、書き込んできた言葉がベースになっていますが、その書き込みにときどき、誤字脱字が紛れ込むことがあります。

私としては、いい言葉に出会ったら、すぐにでも紹介したい、という気持ちがあります。「早く、みんなに読んでもらいたい」とすぐにアップしてしまうのです。そのせいか、きちんと見直さずにアップしてしまうことがある。

そういうとき、誤字脱字を見つけて、指摘してくれる人がいます。これは本当にありがたいと思っています。自分では気づかなかった初歩的な間違いで、ずっと恥をかくことになるのです。内容は良くても、誤字脱字があるだけで、価値が落ちてしまうものです。

指摘してもらえるおかげで、修正することができる。これも、私に対する愛情だと感じていますし、その指摘に感謝しなければいけないと思っています。

地位が上がっていけばいくほど、忠告してくれる人の存在はさらに重要になっていきます。偉くなると誰も忠告してくれなくなり、裸の王様になるリスクが高まっていきます。上司に忠告などしたら、生意気なやつだと嫌われてしまうのではないか、という恐怖心が部下には必ずあります。それでもなお、忠告してくれるというのは、本当にありがたいことなのです。

だから、ちょっとしたことでも指摘してくれたら、大げさに感謝をすることです。それが、また言ってほしい、というメッセージになります。そうすれば、また勇気を持って忠告してくれるようになります。

また、「このリーダーは部下の忠告にきちんと耳を傾けてくれた」という信頼感も生まれてきます。話のわかるリーダーだ、ということになる。

一方で、忠告がきちんと耳に入る仕組みを作ることも大切だと思います。例えば、私は経営者時代から、全社マネージャー会議や教育研修などで参加者の感想やフィードバックを必ず取ってもらうようにしていました。社長の冒頭挨拶はどうだったか、新商品の説明やトレーニングはわかりやすかったか、といった細かな項目ごとに、です。

中には厳しいコメントもあります。声が小さい、早口でわからなかった……。でも、自分に対する評価が聞ける機会は、どんどんなくなっていくもの。貴重な機会にできるのです。結果的に、自分の成長につながっていくわけです。

ただし、忠告はこのヒルティの言葉のように、静かなもののほうが、実はその深さに受け手が気づけるのだと思います。やっぱり長く心の中に残る。

激しく怒鳴り散らしたりするのは、忠告ではありません。多くの場合、自分の感情のままに叱っているだけ。それでは、生まれるのは反発心だけです。怒声と忠告は違います。

あくまで相手の成長にプラスになることを、相手の心に染み入るように静かに忠告する。リーダーはとりわけ、心がけておきたいことです。

40

リーダーは、一生勉強し続けなければいけない

少にして学べば、則ち壮にして為すこと有り。壮にして学べば、則ち老いて衰えず。老いて学べば、則ち死して朽ちず。

佐藤一斎（儒学者）

『【現代語抄訳】言志四録』（佐藤一斎著　岬龍一郎編訳　ＰＨＰ研究所）より

これは、「若いうちからしっかり勉強しておけば、大人になって成功することができる。大人になってからもさらに学び続ければ、年を取ってもその力は衰えない。年老いてからも学び続ければ、死んだあとも自分の名は永久に残る」といった意味でしょうか。

私も一生学び続けないといけない、と日々痛感しています。

例えば、本を読むにしても、一度読んで終わり、ということであればあまり意味はないのではないでしょうか。良い本は、繰り返し繰り返し読み続けて、初めて深く理解できる。これも、私自身、経験があります。

私の経営のバイブル、『ビジョナリー・カンパニー2』の中に、「経営とは、バスの行き先を決める前に、バスに乗る人を決めることだ」と書かれていました。一般的な常識とは、ずいぶん違います。

若い頃、これを読んだときには印象深く、よく覚えてはいたのですが、その意味はあまりピンと来ていませんでした。普通は戦略を決めて（行き先を決めて）、それにふさわしい人を採用する（乗せる）のが常識なはずなのに、ふーん、そんなものか、くらいの感覚でした。

ところが実際に経営者になったとき、その意味がよくわかりました。何をするか、という以前に、誰と一緒にやるか、がとても大切だということです。優秀な人財は、自分で仕事を進めていってくれます。どんどん自分で課題を設定し、それを解決してくれるのです。逆に、会社の方針に従わない困った人がいたとしても、簡単にバスから降りてもらうことはできない。なるほど、先に乗せる人を決める、というのは、こういうことなのか、と理解できました。

マネジメントの父といわれるドラッカーの著作も若い頃に何冊も読んでいました。しかし、そのときに本当に理解できていたかは、はなはだ疑問です。社長になって初めて、その意味も、深さも少しずつ理解できたものです。経営者になる前は、「経営って、そんなもんなんだ」くらいの感覚でしたが、実際に経営者になってからは、書かれていることが本当に腑に落ちました。目から鱗が大量に落ちました。

ただ、では理解できないから読まなくても良かったのかといえば、そんなことはないと思っています。やっぱり読んでいて良かった。いろいろな場面で判断に迷ったときに、読んだ内容が思い出されるのです。それは、私にとってとても貴重な判断材料になりました。

ただ、若いときは、読んでわかったような気になってはいけない。一生勉強するんだという気持ちで何回も読むからこそ、本当に理解できるようになる。年を経て、当事者になったからこそ、見えてくるものもあるからです。

若いうちに背伸びをするのは、まったくかまいません。難しい本でもチャレンジして、どんどん学ぶべき。その本が、後に大きな気づきを与えてくれる可能性は大いにあると思います。時が経つにつれて、本当の意味がわかり始めるのです。

良い本は、繰り返し読んで勉強してみると、実体験も加わり以前より深く内容が理解できるのです。

私が若い頃の本の選び方は「著者買い」でした。気になる著者の本を、片っ端から読んでいく。新しさや題名で買うのではなく、著者で買っていく。ドラッカーしかり、渡部昇一先生しかり、大前研一さんしかり、安岡正篤先生しかり、司馬遼太郎さんしかり。

そして本の中で著者が推薦したり、紹介したりしている本に手を伸ばす。自分が信頼している人が勧めている本を買って幅を広げていきました。

同じ著者の本を読んでいると、当然重なった部分があります。それはそれで、その著者の「核」になる部分です。本当に大切なことだから繰り返し書かれているのです。

名をなす人、歴史に名を残す人は、みんな若い頃から、そして成功してからもたくさんの本を読んでいます。そして、素直な気持ちで謙虚に本の内容を受け入れ、実践していく。それが、大きな成長をもたらしてくれるのです。一生勉強です。

41

リーダーがすべきことは、部下に希望を与えること

「ストラスブール大学の歌」より

教えるとは　希望を語ること
学ぶとは　誠実を胸にきざむこと

ルイ・アラゴン（フランスの小説家）

『フランスの起床ラッパ』（アラゴン著　大島博光編　三一新書）より

肉親もそうですし、会社の上司もそうですが、いろいろなことを教えてくれた「教師」たちの中で、自分を育ててくれたのは結局、私の可能性を信じて励まし続けてくれた人だったのではないかと思います。

決して、細かな欠点や短所を直そうとした人ではなかった。その意味で、吉田松陰には教育者の原点を見る気がします。やはり自分を褒めてくれる人は、とても貴重な、自分のよりどころになります。自分の長所、可能性を褒めてもらっていると、自分を信じることができるからです。可能性とは、自分に対する希望だと私は思います。褒めてもらうことで、希望が自分の中に湧き出てくるのです。

リーダーがすべきことは、まわりに希望を与えることです。その気持ちをいつも持っていなければならないと思います。組織全体の将来に対するビジョンのみならず、個人においても、その人の将来に対する期待を言葉にする、というのがリーダーの重要な役割です。

リーダーは良い教育者でなければなりません。

その意味で、日本がいかに悪い国だったか、ということばかり子どもたちに教える戦後の歴史教育は、やはりおかしいでしょう。日本のいいところを、ちゃんと教えていかないといけない。そうでなければ、子どもたちは日本人としての誇りと日本の将来に対する希望が持てません。

一〇の問題のうち七つしか正解できなければ、どうして三つを間違えたのか、ということばかり追及するのが、今の日本の教育ではないでしょうか。

しかし、七問も正解しているのです。まずはそこをしっかり褒めてあげた上で、どうして三つが正解にならなかったのかを一緒に考えてあげるべきでしょう。

実際のところ、三つの間違いにしても、本当は極めてユニークな発想をしていて、模範解答のほうがつまらないものであるのかもしれない。機械的な○×式の採点では、そういうことも見えてこない。子どもの可能性も未来の希望も、見つけてあげられないということです。

一方、学ぶ側も気をつけなければいけないことがあります。それは、知識やスキルを学ぶことだけが「学び」ではない、ということです。

昔、学問というのは、道徳的なことを学び、人間修養をすることでした。いわゆる「読み、書き、算盤（そろばん）」は寺子屋で幼い頃に済ませておくことで、大人が通う塾では、人としてどう生きていくかという修養の学問が中心になされていたのです。ところが、いつの間にかそれが、スキル教育だけになってしまった。大切なことは、人としてどう生きるか、ということです。それはすなわち、徳を積み、誠実を胸に刻む、ということだと思います。

今は、インターネットで検索すれば、いくらでも簡単に情報が手に入る時代です。知識や情報を知っていることは、今やそれほど大きな価値を持っているわけではありません。

それよりも問われるのは、人としてどう生きるか、人としてどうあるべきか、ということです。**本質的な学びとは、生きていく上での基本的な原理原則を学ぶことです。そういう本質的なところを体得できるかどうか。そこが最終的に、人生を大きく左右していきます。**

例えば、規則正しい生活をする。早寝早起きをする。極めて初歩的な教えです。これは誰もが納得しますが、実行するのはとても難しい。早寝早起きをして規則正しい生活をしていれば、結果的に効率的に時間が使えます。勉強もできるし、仕事もできる。いい習慣をつけることは、結果的に人生を大きく変えていくのです。

そして、正しいことを行い、間違ったことは正していく。自分のためだけではなく、世のため、人のために尽くしていく。

知識やスキルもたくさん学んでいけば良いと思います。しかしもっと根源的な、人としてどう生きていくべきかを学ぶことを、ぜひ意識してほしいと思います。

42

リーダーの読書は、顔に出る

「文字で心を洗い、
心のノミで顔を彫る」

小島直記（伝記作家）
『伝記に学ぶ人間学』（小島直記著　竹井出版）より

自分を高め、修養していくには、やはり読書が一番いい、と私は思っています。たしかに人に会う、というのもすばらしいことですが、読書の利点は何より時間と場所を超越できることです。遠くの人とでも会える。時代をさかのぼって、何百年も前の人とも心の対話ができる。

冒頭の言葉は、読書で心を磨くと、その磨かれた心が顔に出てくる、という意味です。言い換えれば、自己修養をしてしっかり努力しているか、その内面が顔に出るということです。

リンカーンは、「自分の顔に責任を持ちなさい」という言葉を残していますが、それはその人の人生が顔に出てくるからです。同じように、読書も顔に出てくるのです。

実際、相手の顔を見て、「ああ、この人はちょっと……」と感じたことがある人も多いのではないでしょうか。知性がまるで感じられなかったり、軽薄さが伝わってきてしまったり。そういうものは、顔つきに出てしまうことが往々にしてあるのです。

もちろん、第一印象とは違って、まったく思ったような人と違った、ということもあります。付き合ってみたら、意外にそうではなかった、と。でも、それは私の経験からすれば二割ほど。直感というのは、意外に当たるものだと思います。

逆にいえば、自分の顔も相手から、そんなふうに見られている、ということです。**どんなに見てくれをきれいにしようとしても、人間としての本質は顔に出てしまう。だから、日頃の心の鍛錬や、行動や、習慣が大切になる。**

いつも笑っている人は、目の横に素敵な「笑いじわ」があります。逆に、普段からしかめっ面な人は、「眉間にしわ」があります。普段の心の姿勢が顔に表れるのです。

本をしっかり読んでいる人とそうでない人では、目の輝きや深さが違います。本を読んでしっかり思索を巡らせている人は、それが顔つきに出てくるのです。

本の読み方にはいろいろありますが、私はいいと思った本は何度も読み返します。新しい本も次々に買ってきて積んであるので、それを読めばいいのに、ついつい同じ本を何度も読んでしまいます。内容の深い本というのは、それだけ読み返す価値があると思っているからです。一方で、つまらないと思った本は途中で読み捨てます。時間がもったいないからです。

そして、本はどんどん汚します。気になるところは、マーカーをどんどん引いていきますし、あとでもう一回、読み返したいところはページの角に折り目を入れます。繰り返して読んだすばらしい本は、その本の顔つきも変わってくるのです。

内容の濃い本は、とりあえず一度読めば理解ができる、というものではないと私は思っています。目で文字を追うことと、考えながら読むことは違う。だから時には、一文一文にじっくり目を留めて何度も繰り返して読み進めることもあります。

また、読んだ内容を自分の言葉に置き換えて書いてみると、さらに理解は深まります。ノートに書くことで、咀嚼(そしゃく)ができていくのだと思います。

「その人の本棚を見れば、その人がわかる」とよくいわれます。本当にそうだと思います。その人の友人を見ればその人がわかる、という言葉と同様、本もその人が何者かを教えてくれるのです。

結局、やっぱり一生読書を続けないとダメだ、ということです。しっかり読書をして、志を固めて、自らの心、スキル、身体(からだ)を修養して、その結果が顔に出るようにしなければいけないのです。

43

人を教え、育てることこそ、リーダーの道楽である

世の中に　人を育つる　心こそ
我を育つる　心なりけれ

荒木田守武（室町後期の連歌師・俳諧師）

『音読集　いのち輝く日本語の世界』（濤川栄太監修　明治図書出版）より

江戸時代、三大道楽として、園芸道楽、釣り道楽、文芸道楽がもてはやされたそうですが、私は究極の道楽は「人を育てる」人道楽だと思っています。

功成り名遂げた人は、多くの人が学校を作りました。戦後も、元経団連会長の土光敏夫さんは自分の母の作った女子大のサポートをしていましたし、松下幸之助さんは政治家養成のための松下政経塾を作りました。

自分が生きた証として銅像や豪邸を建てる人もいますが、やっぱり人を残すのが、究極だと思います。

私自身も、経営の現場から離れて最初に抱いたのは、自分の経験を伝えたい、という思いでした。自分がこれまで学んだことを少しでも社会にお返ししたいという気持ちです。

一方で、現在ビジネススクールなどで教えるようになって、つくづく「教えることは学ぶこと」だと日々実感しています。これは間違いないことだと思います。

すばらしい組織には、教え合う文化があります。

最初に就職した日産自動車では、心の師にそうしたことを徹底的に教えられました。何か活動をすると必ずレポートを書くのですが、それが何件か続いたら、必ずそれをもとにマニュアルを作らされるのです。そして、みんなの前で発表するのです。

マニュアルがあれば、他の人も同じようにできる。ノウハウが溜まってくる。新入社員もすぐに戦力になる。同じ過ちは繰り返さなくて済む。どんどん全体のレベルが上がる。

そして、そのマニュアルはどんどん改訂していけばいいのです。これは、すばらしいカルチャーだと思いました。

スターバックスにも、教え合う文化がありました。自分の学んだことを新しい人にどんどん教えていく。これは、とてもいい文化だと思いました。

私自身、アルバイトの方たちに交じって研修を受けましたが、教えるのは店長でもなく、トレーナーでもありませんでした。まだ経験の浅いスタッフ。だから、教え方もたどたどしいのです。でも、そのときの研修で、間違いなく彼女自身が一番学んだのではないかと思います。

誰しも教える立場になれば、必死になって勉強をします。教えるカルチャーは、教える人にこそ大きな学びを与えるのです。

若い社員は、後輩が入ってくると大きく育ちます。先輩として範を示さないといけないと思うからです。新卒採用を継続していく意味は、そこにもあると思います。

企業は儲かったら、みんなで成果を分かち合うためにボーナスを出すのもいい。でも、教育に投資することは、もっと大切だと思います。

長く続いているアメリカの超優良企業にも、給料は決して高くないけれど、教育投資が充実した会社があります。頑張って出世するほど、いい教育が受けられる。そこで出会う人たちと切磋琢磨もできる。直接、経営陣や超一流の講師陣に教えを乞うこともできる。

この企業の人気は、とても高いのです。だから、優秀な人が集まってくる。超優良企業の秘密を見る思いがします。

第7章

「ついていきたい」と思われるリーダーになる

「人間力」を高める言葉

44

リーダーは、弱くてもかまわない

雨は一人にだけ降り注ぐわけではない。

ヘンリー・W・ロングフェロー（アメリカの詩人）

『「座右の銘」が見つかる本』（今泉正顕著　知的生きかた文庫）より

日産時代、私はノイローゼのようになってしまったことがありました。アメリカ留学が決まり、英語の勉強をしていた頃です。運悪く、このときの新しい上司と折り合いが悪く、留学に向けた勉強もしなければならないのに、たくさんの仕事を振られ、そのプレッシャーに負けてしまったのでした。

そしてこのとき、心で叫んでいたのが、「どうしてみんな、自分がこんなに苦しんでいるのにわかってくれないのか！」という悲愴（ひそう）な思いでした。どうして自分ばかり、こんな目に遭うのか、と。誰か、助けてほしい、と。

でも、実際には悩んでいたり、苦しんでいたりするのは、自分だけではありません。人は、自分だけが不幸だ、自分にだけ雨が降り注いでいるんだと思いがちです。しかし、世の中には、もっともっと不幸な人だっているのです。誰だって、人に言えない、わかってもらえない悩みがある。本当に絶望的な状況にある人たちだっている。それをこの言葉は教えてくれます。

ボランティアをやることの意味には、それを知ることもあると私は思います。いろいろな障害や苦労がある人を助けるというのが、多くのボランティアです。それは人に何かをしてあげるという奉仕だけではなく、自分がいかに恵まれているか、ということを学ぶ機会でもあると思います。自分が気づきを得られる場だ、ということは、私自身が体験してわかったことです。ボランティアは誰かのためにするものではない。自分の気づきのためにするものです。

自分がいかに幸せな状況にあるのか、他と比べて初めて気づくことができます。人はいろいろなことで苦しんでいるのです。そのことに気づければ、「どうしてオレだけが」などという思いは持たずに済むようにもなります。

自分自身が雨に打たれる経験をすることには、もうひとつ大きな意味があります。それは、雨に打たれている人に傘を差し出そうとするようになれる、ということです。自分に苦しい経験がなければ、なかなかそういうことに気がつかないものです。

しかし、辛(つら)い経験をしていれば、不安そうな顔をしている人に、自分の経験談を話してあげたり、気を楽にしたほうがいい、あまり気にしないほうがいい、というアドバイスもできます。

もっといえば、そういう状況に人は陥るということを知っているから、注意深く周囲を見渡せるようになる。人に対して優しい気遣いができるようになる。
これは、リーダーにとって極めて大切なことです。

そういえばアメリカに留学していた時代、私に親切だったアメリカ人は、自分も海外に留学した経験を持つ人たちでした。自分が海外で苦労した経験があるから、声をかけてくれるのです。私も、日本で困っている外国人を見かけると、つい声をかけたくなります。

痛みを経験した人は、人の痛みも想像できるのです。雨に濡(ぬ)れたら冷たいこともわかる。だから、傘を差し出してあげようと思うようになる。風邪を引くくらいならいいけれど、それが肺炎になって死んでしまうことだってあるのです。ちょっと傘を差し出してあげたら、救える人もいるのです。

雨に打たれると、傘を差し出してくれる人、痛みをわかってくれる人、本当に自分を支えてくれる人が誰なのかがわかります。

さらにもうひとつ付け加えるなら、自分に雨が降ったのが、もし砂漠の中だったらどうか、と考えてみましょう。これは不幸どころか、ラッキーです。実は不幸だと思っていることが、不幸ではないこともある。

私が留学試験に苦しんだのは、留学という誰もがうらやむ切符を手にしていたからです。上司や先輩に厳しく鍛えられたら、それは自分の成長につながるのです。

大きな苦労は、あとで必ず大きな成功の糧になります。そういうことを、ヒーローたちはインタビューで語ります。

冷たい雨はもしかしたら、恵みの雨かもしれない。そんなふうに思えるかどうかでも、人生は変わるのだと思います。

45

リーダーは、正しく、正直に生きろ

「一日だけ幸せでいたいなら、床屋に行け。
一週間だけ幸せでいたいなら、車を買え。
一カ月だけ幸せでいたいなら、結婚しろ。
一年だけ幸せでいたいなら、家を買え。
だが、一生幸せでいたいなら、正直者でいろ」

イギリスのことわざ

『世界で1000年生きている言葉』（田中章義著　PHP文庫）より

この言葉が意味するのは、結局のところ、物質的な幸せにはすぐに慣れてしまうし、きりがない、ということだと思います。限界効用逓減の法則ではありませんが、時計をひとつ持っているのに、二つ目を買っても、時計を持っている喜びは二倍になるわけではありません。ひとつ目の時計を使う頻度が減るだけです。

お気に入りの万年筆があるのに、二本目を買っても、一本しかほとんど使わないものです。趣味でたくさん持っている人はいますが、それは実用とは別の価値です。車も、二台あったら便利だろうなと誰もが思いますが、おそらく買っても、その二倍の価値はない。

こういうことは、一通りやってみないとわからないような気がします。やっぱり、やってみないと気づけないこともあるのです。しかし、やらずに気づける人もいる。それは極めて賢明なことだと思います。

この言葉の最後に出てくる「正直者」というのは、「正直者には人が集まってくる」ということだと思います。**大切なのは、どんな人と関わって人生を生きていくか、ということです。**

人との付き合いを大切にしていくことは、幸せの大きな条件です。パートナーしかり、家族しかり、人生の友しかり、会社の人間関係しかり。

パートナーに対しても、結婚二〇年を過ぎて、ようやく本音で話せるようになれた、という話をよく聞きます。もともとは他人同士。どうしても、双方で遠慮してしまう。我慢してしまう。しかし、だんだんと年月が過ぎて、言いたいことも言えるようになる。怒りをそのままぶつけられるようになる。大きな声でののしり合ったりできる。

周囲の人がののしり合う言葉を聞いたらびっくりするかもしれませんが、二人の間ではその一〇分後にすっきりといつもの状態に戻っていたりする。

少し前のことです。叔母の危篤の知らせを受け、駆けつけたところ、叔母の子ども三人と、数名の孫がそれぞれぴったり寄り添って、手を握ったり、足をさすったりしながら、叔母に話しかけているのです。「おばあちゃん、おばあちゃん」と、意識のない叔母を見つめながら、涙を流して。

叔母はずっと苦労をしてきた人でした。でも、その瞬間、とても幸せな人生を送った人だった、と思いました。

人生が終わるときには、地位も名誉も財産も関係がないのです。いくらお金を残したのかとか、社会的にどうだったとか、そういうことは意味がない。金銭的な成功や出世などよりも、意識がほとんどない状態で孫たちに足をさすられながら旅立っていくということのほうが、人生において大切なのではないかと心から思いました。


正直に生きるとは、正しく生きること、でもあると思います。そういう人生はきっとすばらしいものになると思います。

ネイティブ・アメリカンのこんな言葉があります。

「あなたが生まれたとき、あなたは泣いていて周りの人たちは笑っていたでしょう。だから、いつかあなたが死ぬとき、あなたが笑っていて周りの人たちが泣いている。そんな人生を送りなさい」

こんな人生を歩んでいきたいですね。

46

リーダーには、より高みを目指すことが求められる

「どこから来たか」ではなく、
「どこへ行くか」が最も重要で価値あることだ。
栄誉は、その点から与えられる。
どんな将来を目指しているのか。
今を越えて、どこまで高くへ行こうとするのか。
どの道を切り拓き、何を創造していこうとするのか。
過去にしがみついたり、
下にいる人間と見比べて自分をほめたりするな。
夢を楽しそうに語るだけで何もしなかったり、
そこそこの現状に満足してとどまったりするな。
絶えず進め。より遠くへ。より高みを目指せ。

フリードリヒ・ヴィルヘルム・ニーチェ（ドイツの哲学者）

『超訳　ニーチェの言葉』（フリードリヒ・ヴィルヘルム・ニーチェ著　白取春彦編訳　ディスカヴァー・トゥエンティワン）より

は、つまりはこれまでの学歴や経歴です。でも、それは価値のあることではない、と『ツァラトゥストラはかく語りき』でニーチェは言っています。そうではなくて、「どこへ行くか」ということが大切である、と。

勉強会やセミナーで初対面の方とご挨拶することも多いのですが、○○物産とか××銀行など、会社名や肩書きを強調する人がいます。

もしかしたら、会社名や肩書きを言うことで箔をつけたいのかもしれません。それを言わないと、不安になるのかもしれません。

逆にいえば、自分に自信がない、ということです。会社という肩書きを使わなければ、自分という人間を説明できない。名刺にやたらとたくさん肩書きが並んでいる人もいます。ボランティア団体の名誉職まで書いている人もいます。

逆に、実はものすごく高い社会的地位にありながら、そんなことは微塵も見せない人もいます。

私自身、「元スターバックス コーヒー ジャパンCEO」という看板はそろそろ下ろしたい、と思っています。退任してから、もう何年も経っています。ただ、私が使いたくなくても、周囲は使いたがる。なかなか難しいところです。

私としては、「これから何をしたいんですか」と問われたほうがうれしいのです。

そして、それにしっかり答えられるようにしたいと思っています。

このニーチェの言葉は、私がビジネススクールで、最後の授業のとき学生に贈っている言葉です。

ビジネススクールに来ている人たちですから、やる気があって、いろいろな意味で恵まれている。

だからこそ、その現状に満足するな、というメッセージです。

学歴しかり、会社名しかり、肩書きしかり。これは私自身もそうですが、ついついその上にあぐらをかこうとしてしまったりするから、気をつけないといけません。

過去にしがみつくべきではない。他人と見比べたりするべきではない。

そして、夢を語るだけで、何の努力もしなかったり、現状に満足してとどまったりしてはいけない。

どこまで高く、遠くまで行こうとしているか、「これから」が問われるのです。

47

リーダーは、「最前線こそがブランドを作る」と心得よ

偉くなることは、
必ずしも富士山のように仰がれるようになるためではない。
なるほど富士山は立派だけれども、
それよりも何よりも立派なものは大地である。
この大地は万山を載せて一向に重しとしない。
限りなき谷やら川やらを載せて敢えていとわない。
常に平々坦々としておる。

安岡正篤（陽明学者・思想家）

『安岡正篤一日一言―心を養い、生を養う―』（安岡正篤著　安岡正泰監修　致知出版社）より

ザ・ボディショップやスターバックスでCEOをしていたとき、私はお店のスタッフのみなさんに対して、まさしくこの言葉のような気持ちでいました。一人ひとりのお客様に、心をこめて接客をしてくれているからこそ、すばらしいブランドが成り立っている。大きな売り上げにもつながっている。そう痛感していたからです。

企業においては、最前線のお店、工場こそが、ビジネスを支えています。経営者やスタープレーヤーのような富士山的な存在は、時に目立ったり、ヒーローになったりしますが、それは製造現場やお店があってこその話、なのです。

富士山の頂きのような存在になりたがる人がいますが、実はそれはもともとの志が間違っています。

本来、目指すべきは、富士山を作るように頑張ることです。その結果として、まわりに押し上げられて、富士山の頂きに行けるだけのことです。広大なる裾野があって初めて立派な頂きがある。頂きだけでは、決して存在できないのです。

言葉を換えれば、富士山の頂きは、役割に過ぎない、ということ。自分が偉くなった、などという錯覚を持ってもいけないのです。

例えばメーカーに入社すると、工場の製造現場から仕事は始まります。若いときには、そうした仕事をどうしても毛嫌いしてしまうものです。しかし、工場の苦労があるからこそ、本社の仕事があるのです。それがわかっていないと、工場やお店を見下してしまったりすることになる。

スターバックスにしても、お店のパートナーが年間二億回以上「ありがとうございました」と言って、心をこめて商品をお客様に提供しているからこそ、一〇〇〇億円の売上高が成り立っているのです。この感覚を絶対に忘れてはいけないのです。

民間企業でも、公的な機関でも、こういった最前線の苦労がわかる人が上に上がっていくべきだ、と私は思います。実際は、多くの例外もあります。学歴や入社時の試験の成績が良かっただけでポストが上がっていく場合もある。

一般的に日本の会社は、長期にわたって差をつけない人事が行われていました。これについては賛否両論あるようですが、私はある面正しいやり方だと思っています。なぜなら、短期の業績は、置かれた経済環境や担当商品の競争力、あるいはたまたま仕えた上司との相性など、運に左右される部分が否定できないからです。長い期間をかけて、人を多面的に評価していくことは、合理性がありフェアだと思います。

そうすると、やはり能力があり、徳を持った人間的に優れた人が、ふさわしいポストに就いていくのです。結局、能力があって、いい人が偉くなっていく。徳のある人には社内外に多くのファンができ、応援されたり、引き立てられたりしていくのです。「この人が言うのだから」と、まわりはついていく。

だからこそ、大切になるのが「普段からの言動」です。人は、日常の行動を見ているのです。そして長期にわたって認められた人が、やっぱり選ばれていく。結果として出世すれば、より大きなチャレンジが待っています。

どんな仕事をするにしても大切なことは、人間性を磨くことです。徳を身につけていくこと。その点をまわりの人は見ているのです。

48 リーダーは、自己をピカピカに磨いて成長しよう

傷ついた人は　思いやりを知る
孤独を知った人は　強くなる

つまずいた分だけ
苦労した分だけ
人は磨かれてゆく
そうして　いつか
ピカピカに光る

「磨かれれば光る」
恥をかくと　慎重になる
叱られると　成長する
失敗すると　賢くなる
欠点があると　謙虚になる
騙されると　人を見る目が養われる
嫌われると　愛される努力をする
フラれると　人にやさしくなる

秋月菜央（ライター）

『feel blue　こころが元気になる贈り物』（吉野雄輔写真　秋月菜央文　経済界）より

人生に起こることで、何ひとつ無駄なことはありません。ただし、一所懸命、目の前のことに頑張っている限りにおいては。一見マイナスなことでも、そこから何かを学べばプラスになります。必ず「災い転じて福となす」ことはできると、この言葉は教えてくれます。

雨が降ってきたとき、濡れてしまう、と考える人もいれば、これで農作物が喜ぶ、と考える人もいる。同じ事象なのに、です。考え方によって、結果はいいものになったり、悪いものになったりする。

すべては心の捉え方なのです。雨が降る、降らないは自分ではコントロールできませんが、雨を利用しようと考えられるかどうか。いつもそういう前向きな力を蓄えられるかどうか。

問われるのは、本人の考え方です。

失敗や挫折は、対応の仕方によっては、必ずしもマイナスだけではありません。そこから何かを学ぶことができれば、成功への予行演習になるわけです。逆にいうと、そこから何かを学ばなければ、本当の失敗や挫折になってしまうということです。

最もやってはいけないことは、失敗を恐れて何もしない、ということです。行動を起こさない。そうすれば、恥もかかないし、叱られもしません。しかし、それでは、何の成長もありません。

人を愛し、信じなければ、だまされることもないし、ふられて傷つくこともない。しかし、それでは豊かな人生を送ることはできません。それと同じです。

最近は若い人に、前向きな行動を起こさない、無気力な人が増えてきていると聞きます。これは、極めて残念なことです。

恥をかくことも、叱られることも、若者の特権です。若いときは、失敗しても、恥をかいても、まだいいのです。やり直しがきくから。リカバリーして、成長する機会はまだまだある。

しかし、年を取ってからだと、なかなか取り返しができない。残されている時間も短い。

若いからこそ、できることがあるのです。それを避けてしまうことは、大きなチャンスを逃すことになるのです。

最終的には、失敗も挫折も、実はすべて自己をピカピカに磨く力になるのです。筋肉は大きな負荷によって小さな筋が切れ、その修復のために前よりも大きくなっていきます。

「司馬遼太郎さんの『国盗り物語』（新潮文庫）という小説の中に、「ともかくも若い間は行動することだ。めったやたらと行動しているうちに機会というものはつかめる」という一節があります。

臆病にならず、勇気を持って何事にもチャレンジしてみる。きっと何かがつかめるはずです。たとえ失敗したとしても。

49 リーダーは、一歩一歩進んでかまわない

「つみかさね」

一球一球のつみかさね
一打一打のつみかさね
一歩一歩のつみかさね
一坐一坐のつみかさね
一作一作のつみかさね
一念一念のつみかさね

つみかさねの上に
咲く花
つみかさねの果てに
熟する実
それは美しく尊く
真の光を放つ

坂村真民（詩人）

『詩集　念ずれば花ひらく』（坂村真民著　サンマーク出版）より

倦まず、たゆまず、あきらめず、一歩一歩前に進むことの大切さを、いつも感じています。一歩一歩でしか、前には進めないのです。

しかし、一歩一歩は進歩が遅いように思えて、あとから振り返るとポンと飛躍的に大きく伸びた瞬間があったことに気づけたりします。勉強やスポーツをしているとき、なかなか上達しないけれど、コツコツ続けていたら、あるときいきなりグンと伸びる経験をした、という人は決して少なくないでしょう。一歩一歩のように思えて、それをコツコツと続けていくことは、実は一歩一歩ではないのです。続けることで、飛躍的な成長をする瞬間に出会えるのです。あたかも、さなぎが蝶になるように。

ところが、それがわからない人がいる。ポンと突き抜ける瞬間、飛躍的に伸びる瞬間が来るまでは、じっと我慢しなければいけない。多くの人がこの我慢ができず、努力をやめて、あきらめてしまう。続けても無駄だ、と途中でやめてしまう。

努力を続けられるかどうかが、結果を大きく分けてしまうのです。もちろん、ただ努力をするのは苦しい。だから、自分を信じられるか、自分の努力を信じられる

かが、物事の成否を決めることになるのです。

先の見えない真っ暗な道を歩くことは、精神的にとても辛いもの。遠くほのかに光が見えていれば、それを頼りに歩いていけます。自分は必ずゴールにたどり着けるのだという希望と自分を信じる気持ちを持ち続けないと、人は前に進めないのです。

逆に、コツコツとした苦しい努力がいつもできる人がいます。どういう人かといえば、成功体験を持っている人です。

そして、もうひとつは、意外かもしれませんが、不器用な人です。器用で要領のいい人は、たいていのことはすんなりできてしまったりする。だから、ちょっとつまづくと、すぐあきらめてしまいます。

器用な人には、一流はいても、超一流は少ない。超一流には、そのことしかできないという不器用な人が多い。ひとつの道でコツコツ頑張る人のほうが、突き抜けた超一流になれることが多いのです。

もしかすると、自分の不器用さを嘆いている人がいるかもしれません。しかし、多くのことはできないから、コツコツとひとつのことを続けることができるのです。不器用のほうが、実は幸せということもあるかもしれないのです。

ビジネスの世界でも伸びる人は、素直でコツコツ努力が続けられる人だと私は思います。素直な人は、人の話を聞こうとする。わかったような気になったりしない。一足飛びではなく、定石を順番に積み重ねていく。素直に正道を歩む。

無駄に見えているものも、実は長い人生においては、無駄ではなかったりします。まわり道に見えても、一つひとつ学んでいくこと、それ自体がすべて修行になる。

焦る必要はないのです。いきなり咲いてしまったら、大輪は咲かせられません。大事をなそうとしても、いきなり大事はできません。小事の積み重ねがあるから、しかるべき地位なり、立場のときに、それを生かせる。

人生に近道はありません。コツコツ努力を続け、学び続けるしかないのです。

50

「もし自分がリーダーだったら」と考えてみる

玉は琢磨(たくま)によりて器となる。
人は練磨によりて仁(ひと)となる。
何(いづれ)の玉かはじめより光有る。
誰人(たれびと)か初心より利なる。
必ずみがくべし、すべからく練るべし。
自ら卑下(ひげ)して学道をゆるくする事なかれ。

道元（曹洞宗の開祖）

『正法眼蔵随聞記』（水野弥穂子訳　ちくま学芸文庫）より

『正法眼蔵随聞記』にあるように、玉は磨かれて初めて立派な器になります。人も同様に、練り磨いて初めて立派な人になるのです。どんな玉でも、初めから光り輝いている玉はないし、どんな立派な人でも初めから尊敬される優れた人はいません。必ず磨かなければならない。修行を怠ってはならない。そのために大切なことは、志を持って準備をすることです。

私は若いときから、ときどき「自分がもし日産自動車の社長だったらこうする」と考えていました。今となれば、もちろん笑い話です。でも、「もし自分がリーダーだったら」という問題意識を持ち続けていたことは、とても良かったと思います。視座を高く持つことは、とても大切です。だから、わからないなりにドラッカーのような経営書を若いときから読んでいたのです。

会社員はよく、ひとつ上ではなくて、二つ上のポジションの視点で見なさいといわれます。平社員なら、課長ではなく部長の視点で見ようとしてみる。これは、とても大切なことだと思います。

そのほうが、大局的に物事を見る習慣ができるし、より会社に貢献できるような仕事ができます。目の前の言われたことだけをやるのではなく、視座を高く持つことで、仕事のやり方は大きく変わっていくのです。

そしてこの訓練は、将来、社長になろうがなるまいが、必ずプラスになります。

常に、高い志を持つ。その実現に向けて努力をする。そういう姿勢が、結果的に自分自身の人格も磨いてくれるのです。

美しい玉になろう、大きな器になろう、という志を持てるか。自分がやるんだ、という使命感が持てるか。いつかは歴史が自分を必要とするときがやってくる、自分だったら会社をこの方向に持っていく、という問題意識を持てるか。

こういう気持ちを、もっと多くの人が抱くべきだと思います。それが行き過ぎると傲慢に見えてしまうかもしれませんが、あまりに視座が低く、志がないのでは、成長はあり得ません。

このときに問われるのは、ただ自分の欲を満たすためにやろうとするのか、それとも誰かのためにやろうとするのか、という点です。これさえ間違えなければ、人はついてきてくれるものです。

謙虚さは美徳でもありますが、まだ力は足りないけれど、自分がやらなければ、という気概や覚悟で目の前の仕事に取り組む。

そしてしかるべき立場に立ったら、謙虚になるべきです。自分はこんな高い地位で権力を持ってしまって、果たしてやっていけるのか、という畏れと、自分がやらなければ誰がやる、という覚悟や自負心を持つ。その両方のバランスが、とても大切だと思います。たとえ社長になったとしても、自分を磨くことを怠ってはいけないのです。

努力することに終わりはありません。

51

リーダーは、人を幸せにできる人である

徳のある人とは、
人が見ていようがいまいが、
意識することなく
自然に良い行いをする人のことである。

岩田松雄

リーダーとは結局、他者や社会全体の幸せに目を向けられる人のことだと思います。

日本には、滅私奉公という言葉があります。自分はどうなってもいいから会社を良くしたい、みんなを幸せにしたい、という無私の気持ちが、人を動かすのだと思います。そして、それがやがて大きなインパクトを社会に与えるのです。

西郷隆盛は「命もいらず、名もいらず、官位も金もいらぬ人は、仕末に困るもの也。此の仕末に困る人ならでは、艱難を共にして國家の大業は成し得られぬなり」という言葉を残しています。

目立たないかもしれないけれど、幕末にはこういう人がたくさんいたのだと思います。知られざるすごい功績を上げて、世の中を幸せにしてきた人たちがいる。だから、豊かで、すばらしい日本ができた。それに思い至るべきだと思います。

自分が得をしないなら、頑張れないという人がいます。どうしても、何か見返りを求めてしまう。

でも、自分のことはいったん置いておいてチームや会社のこと、ひいては社会全体の幸せを考えるようになると、本当にいろいろなことが見えるようになり、多くの人がサポートをしてくれるようになります。

昔から「陰徳を積む」という言葉があります。人知れず、世のため人のために良い行いをしていくこと、という意味です。例えば、オフィスに落ちているゴミをそっとポケットに入れる人がいます。トイレの洗面所が汚れていたら黙って拭く人がいます。人が見ていようがいまいが、人知れずいい行いをする人たちです。

見返りを求めないこうした自然動作、基本動作は、日常の行動に必ず出ていると私は思っています。こういう陰徳を積んでいることを、必ず人は見ているものです。だから、何かあったりすると、上から引き上げられたりする。リーダーになっても、「あの人についていきたい」と思われたりする。実際、こういう「陰徳を積める」リーダーがたくさんいる会社は、素敵だと思いませんか。

陰徳を積む気持ちを持つことです。人知れず、誰かのためにいいことをする。世の幸せのため、人の幸せのため。見返りを求めない。それが本当の勇気であり、愛なのだと思います。

うまくいったら、窓の外を見る。うまくいかなかったら、自分の顔を見る。うまくいったら、まわりのおかげだ、運が良かった、と言える。うまくいかなかったら、謙虚に自分自身を反省する。こういう人たちは、とても謙虚なので目立たず、歴史に名前を刻んでいないかもしれません。もっと目立つ、声の大きい人たちのほうが、有名になっているかもしれません。

しかし、だからこそ価値があると思うのです。派手で目立つ人たちばかりが、リーダーなのではありません。

知られざるリーダーは、世の中にはたくさんいるのです。

たとえ自分の功績にならなくてもコツコツとした努力を続けていると、きっとみんなが見ていて、「ついていきたいと思われるリーダー」になっていくのです。

おわりに

人としてどう生きていくのかということを真剣に追求すると、最終的に東洋哲学や中国古典に行き着きます。ここでひとつ、素朴な疑問があります。どうして『論語』や『孟子』など、中国の思想書はあるのに、日本にはこういった思想書が少ないのか。日本にも、立派な偉人や哲人は多くいたはずなのに。

私は、いわゆる古典が生まれた当時、中国では、王朝や支配民族がめまぐるしく変わり、権謀術数の世界で国が荒れ果てていたため、こうした道徳や倫理が必要だったのだと思います。キリスト教やユダヤ教を生んだエルサレムでも、血で血を洗うような民族対立が激しく起こっていたから、博愛思想が必要だったのです。

一方の日本は、わざわざそうした倫理や哲学を語らなくてもいいほどに、国が安定していたし、そこに住む人もすばらしい民族だった。土着の信仰として神道があり、「悪いことをするとバチが当たる」といった徳の教育がしっかりなされていたからなのでしょう。

中国は、道徳を改めて文書に残していかなければいけないほど人々の心が荒んで国が荒廃してしまったから、そういった哲学、道徳が必要だったのかもしれません。

今、日本では、徳の教育が注目されたり、中国古典や東洋哲学がまた求められ始めたりしています。つまり日本も、厳しい世の中になってきた、人として道を外れることが多くなってきた、ということでもあるのだと思います。

人々の心が荒れてしまった時代だからこそ、こういった思想や宗教が求められるのです。もっと人としてどうあるべきか、本質的なものを学びたい、という気持ちが高まっているのだと思います。

この本では五一の私のお気に入りの言葉をご紹介しましたが、胸に刺さった言葉、もうひとつわかりにくかった言葉、両方あったのではないかと思います。

私がぜひお勧めしたいのは、折りに触れ、またこの「五一の言葉」をぜひ読み返す、ということです。そうすると、かつてはピンと来なかった言葉が、ある時ぐっと自分の胸に迫ってきます。

繰り返し読むことによって、本当に自分が大切にしたい言葉もわかってきます。自分にとっての生きる指針になる言葉が見つかる。それこそが、座右の銘になっていく言葉だと思います。

そして、気に入った言葉があったら、ノートに書き写してみてください。できれば、素敵なノートに高級万年筆で。

そして、ぜひとも学んだことを実践しようと心がけてみてください。百の理屈よりも、一の実践です。それは間違いなく、仕事を、人生を、生き方を変えてくれると思います。少しずつ、少しずつ。でも、確実に。

最後まで読んでいただき、ありがとうございました。

二〇一四年一二月

岩田松雄

引用、参考文献・資料一覧

1 『渋沢栄一と安岡正篤で読み解く論語』(安岡定子著　プレジデント社)
2 海上自衛隊第1術科学校HP　http://www.mod.go.jp/msdf/onemss/about/gose/gosei.html
3 『[実説]諸葛孔明　ある天才軍師の生涯』(守屋洋著　PHP文庫)
4 『イギリス名詩選』(平井正穂編　ワイド版岩波文庫)
5 『心が変われば　山下智茂・松井秀喜を創った男』(松下茂典著　朝日新聞社)
6 『西郷南洲遺訓』(山田済斎編　岩波文庫)
7 『アンティゴネー』(ソポクレース作　中務哲郎訳　岩波文庫)
8 『やさしい人　どんな心の持ち主か』(加藤諦三著　PHP文庫)
9 『新版　ことわざ・名言事典』(創元社編集部編　創元社)
10 『「原因」と「結果」の法則』(ジェームズ・アレン著　坂本貢一訳　サンマーク出版)
11 『今あなたに知ってもらいたいこと』(オノ・ヨーコ著　幻冬舎)
12 『孔子』(和辻哲郎著　岩波文庫)
13 『世界名言大辞典』(梶山健編著　明治書院)
14 『響き合うリーダーシップ』(マックス・デプリー著　依田卓巳訳　海と月社)
15 『世界名言大辞典』(梶山健編著　明治書院)
16 映画「ブレイブハート」(20世紀フォックス ホーム エンターテイメント ジャパン)※『OTONA TSUTAYA 365』参考

17 映画「スパイダーマン」(ソニー・ピクチャーズ エンタテインメント)※ソニー・ピクチャーズエンタテインメントHP参考

18 『リーダーシップの旅 見えないものを見る』(野田智義 金井壽宏著 光文社新書)

19 『伝習録 「陽明学」の真髄』(吉田公平著 タチバナ教養文庫)

20 『新釈漢文大系 第17巻 文章規範(正篇)上』(前野直彬著 明治書院)

21 『マザー・テレサのことば 神さまへのおくりもの』(マザー・テレサ著 半田基子訳 女子パウロ会)

22 『BODY AND SOUL ボディショップの挑戦』(アニータ・ロディック著 杉田敏訳 ジャパンタイムズ)

23 『私の脳科学講義』(利根川進著 岩波新書)

24 『集中力』(セロン・Q・デュモン著 ハーパー保子訳 サンマーク出版)

25 『泣いて、叱る—ぼくの体当たり教育論』(桂小金治著 講談社)

26 『人生はワンチャンス! 「仕事」も「遊び」も楽しくなる65の方法』(水野敬也 長沼直樹著 文響社)

27 『スターバックスを世界一にするために守り続けてきた大切な原則』(ハワード・ビーハー ジャネット・ゴールドシュタイン著 関美和訳 日本経済新聞出版社)

28 『竜馬がゆく三』(司馬遼太郎著 文春文庫)

29 『「7つの習慣」に生きるための格言集』(フランクリン・コヴィー・ジャパン編 キングベアー出版)

30 『「座右の銘」が見つかる本』(今泉正顕著 知的生きかた文庫)

31 『人生はニャンとかなる！　明日に幸福をまねく68の方法』（水野敬也　長沼直樹著　文響社）
32 『【現代語抄訳】二宮翁夜話　人生を豊かにする智恵の言葉』（二宮尊徳口述　福住正兄筆記　渡邊毅編訳　ＰＨＰ研究所）
33 『トム・ピーターズのサラリーマン大逆襲作戦①　ブランド人になれ！』（トム・ピーターズ著　仁平和夫訳　阪急コミュニケーションズ）
34 『生の短さについて　他二篇』（セネカ著　大西英文訳　岩波文庫）
35 『ドラッカー名著集①　経営者の条件』（Ｐ・Ｆ・ドラッカー著　上田惇生訳　ダイヤモンド社）
36 『新版　ことわざ・名言事典』（創元社編集部編　創元社）
37 『素直な心になるために』（松下幸之助著　ＰＨＰ文庫）
38 『ベーコン随想集』（渡辺義雄訳　岩波文庫）
39 『世界名言大辞典』（梶山健編著　明治書院）
40 『【現代語抄訳】言志四録』（佐藤一斎著　岬龍一郎編訳　ＰＨＰ研究所）
41 『フランスの起床ラッパ』（アラゴン著　大島博光編　三一新書）
42 『伝記に学ぶ人間学』（小島直記著　竹井出版）
43 『音読集　いのち輝く日本語の世界』（濤川栄太監修　明治図書出版）
44 『「座右の銘」が見つかる本』（今泉正顕著　知的生きかた文庫）
45 『世界で1000年生きている言葉』（田中章義著　ＰＨＰ文庫）
46 『超訳　ニーチェの言葉』（フリードリヒ・ヴィルヘルム・ニーチェ著　白取春彦編訳　ディスカヴァー・トゥエンティワン）
47 『安岡正篤一日一言―心を養い、生を養う―』（安岡正篤著　安岡正泰監修　致知出版社）

48 『feel blue　こころが元気になる贈り物』(吉野雄輔写真　秋月菜央文　経済界)
49 『詩集　念ずれば花ひらく』(坂村真民著　サンマーク出版)
50 『正法眼蔵随聞記』(水野弥穂子訳　ちくま学芸文庫)

本書は二〇一五年一月に小社より出版された同名タイトルの単行本を加筆修正し、文庫化したものです。

「ついていきたい」と思われるリーダーになる51の言葉

2022年4月1日　初版印刷
2022年4月10日　初版発行

著者　岩田松雄
発行人　植木宣隆
発行所　株式会社サンマーク出版
東京都新宿区高田馬場2-16-11
電話 03-5272-3166

フォーマットデザイン　重原 隆
本文DTP　山中 央
印刷・製本　中央精版印刷株式会社

落丁・乱丁本はお取り替えいたします。
定価はカバーに表示してあります。

ISBN978-4-7631-6131-4　C0130

ホームページ　https://www.sunmark.co.jp

好評既刊